秋田喜代美の
写真で語る保育の環境づくり

監修・編著：秋田喜代美

著：社会福祉法人 湘北福祉会　あゆのこ保育園

ひかりのくに

はじめに

　デジタルカメラで写真を撮り、限られた時間でも、写真をもとに対話しながら園の強みを発見し、保育環境をさらによくする工夫をしてみませんか。本書は写真を使った研修への誘いの書です。そこには「環境を通しての保育」という根幹の思想、「環境」構成への意図と子どもの関係をあらためて考えてみませんかというメッセージも含まれています。ただし、"各年齢の保育のために、このような環境構成の保育室や園庭にするといいですよ"という、いわゆるモデル事例や園環境カタログではありません。保育者同士の気づきやきっかけから始まる本です。そのプロセスに同行し、"これなら自園でもできそうだ""やってみようかな"とページをめくり、保育室や園庭を見回し気づきが生まれたり、"ちょっとやってみよう"と思っていただくきっかけになれば幸いです。

　本書の研修機会とその写真を提供してくださった社会福祉法人湘北福祉会　あゆのこ保育園は、平成17年に開園した比較的新しい園です。当初園庭は何もない四角い土地でフェンスに囲まれているだけの場所でした。またすっきりした室内環境がよいからと、子どもの目線の位置には掲示や写真がない園だったのを鮮明に覚えています。そこに縁あって保育アドバイザーとして入れていただき、研修を行なうことになりました。当初は研修も試行錯誤でしたが、何年かあと、子どもが夢中になっている瞬間の写真や動画を撮って語り合う研修を行ないました。そこから写真で同僚と紹介し合うことや保護者と子どもの育ちや保育のねらいや思いを共有する掲示作成が始まり、そのおもしろさを私も含めてみなさんで共有しました。

　折しも、忙しい保育者でも取り組める園内研修、特に若い保育者が保育のおもしろさを知り自信を持つ前に離職していくのを防ぎ、

若手も保育をおもしろいと思って園で対等に参加できる研修はないかと、私はある方からご相談を受け、共同研究の仲間たちと、環境写真を用いた評価法ＰＥＭＱ（Photo Evaluation Method of Quality）を開発しておりました。あゆのこ保育園にもご協力をいただきました。そこで撮影された写真の一部が、本書に紹介されています（そのＰＥＭＱの具体的な理念や方法は、別に共同研究者と共に報告書を作成していますのでそちらをご覧ください）。

　本書はこの園で実際に行なわれた環境の小さな工夫が詰まった本です。特定の遊びの展開に応じたダイナミックな環境構成を紹介したものではなく、毎日子どもが繰り返し接する、遊びやくらしの中での環境への視点や環境の着想に焦点を当てています。

　後半には、「写真でとらえる、写真を語る、写真と共に伝える、研修への誘い」と題し、詳しい解説を盛り込んでいます。これは雑誌『保育とカリキュラム』の連載「写真を用いた園内研修12か月」で、2015年度に１年間掲載させていただいた文章の一部を、この本のために構成し直したものです。また、本書でご協力いただいたあゆのこ保育園の保育者の生の声も紹介しています。

　どの保育者も保育の中で、ねらいや願いを持ち保育をしておられます。そこでの気づきや課題意識から、さらに環境を工夫したらこんなことに気がついたという経験があるはずです。本書はその思考の流れに基づいたページ構成になっています。

　本書から身近な環境への対話が深まると幸いです。

秋田喜代美

はじめに　2

Ⅰ　0〜2歳

遊びの環境づくり

- 春　安心して過ごす　8
　　　感触を楽しむ　9
　　　表現して遊ぶ　11
- 夏　新しいもの・ことを体験する　12
　　　生き物に触れてみる　17
- 秋　出したり入れたり……　18
　　　自然とふれあう　19
　　　目線を変えると遊びが活発になる　21
- 冬　空気で遊ぶ　23
　　　体を使って思い切り遊ぶ　25

くらしの環境づくり

- 落ち着ける・遊びたくなる場所を作る　26
　遊びを選ぶ　31

Ⅱ　2〜4歳

遊びの環境づくり

- 春　行動範囲を広げる　34
　　　手先を使って遊ぶ　36

　　　　　興味・関心を広げる　　38
夏　┃興味を持ったものを調べる　　40
　　　　　意欲を持って遊ぶ　　46
秋　┃楽しみながら全身や手を使う　　48
　　　　　さまざまな素材を使って遊ぶ　　50
冬　┃ごっこ遊びを楽しむ　　52
　　　　　夢中になっていることをサポートしたい　　55

くらしの環境づくり

┃夢中になる空間（絵本）　　56
　生活習慣を身につける　　57
　ものをていねいに扱う　　58
　ルールを守って心地良く過ごす　　59
　楽しく食べる　　61
　季節の行事を楽しむ　　62
　見える化掲示で子どもの意欲を引き出す　　63

Ⅲ　4〜6歳

遊びの環境づくり

春　┃虫探しや虫取りを体験する　　64
　　　　　自然を素材にして遊ぶ　　65
　　　　　自然への関心を高める　　66
　　　　　なり切って遊ぶ　　69
夏　┃植物を育てる　　70
　　　　　調理を体験する　　72
　　　　　描いて、作って、遊んで…を友達と楽しむ　　73
　　　　　絵本からの広がり　　74
秋　┃戸外で自然とふれあう　　76

　　　　自然への関心を深める　77
　　　　自然体験を土台に数・量・形へ　78
　　　　サツマイモの性質を生かして遊ぶ　80
　　　　サツマイモを触って特徴を確かめて描く　81
　　　　みんなで楽しむ　82
　冬　自然の素材を使って遊ぶ　84
　　　　運動に挑戦する気持ちを育てる　85

くらしの環境づくり

　　　落ち着いてじっくり遊ぶ経験をする　87
　　　落ち着いた生活環境をつくる　89
　　　自分たちで環境やルールをつくる　91
　　　言葉を増やす　92
　　　作品を大事にし、感性を育てる　93

Ⅳ　保護者

保護者へ伝える環境構成

　　　保護者と共に子どもたちを育てていくために　94

Ⅴ　解説

写真でとらえる、写真を語る、写真と共に伝える、研修への誘い

1　環境に焦点を当てた写真から始めてみませんか　102
2　写真で子どもの育ちをつなぐ、保護者とつなぐ絆づくり　109
3　写真の強みを生かして　112

巻末　写真で語る環境づくり研修を行なった保育者たちの声　114

秋田喜代美の写真で語る保育の環境づくり

Ⅰ 0〜2歳　　P. 8〜33
まずは園で保育者やほかの子どもたちと安心して過ごせるような環境を整えることが大切です。環境を通じて保育者が働きかけをしていくことも大切です。

Ⅱ 2〜4歳　　P.34〜63
自然や身近な環境とのつながり、新しいことへ挑戦を深め、興味を広げていきましょう。友達とのつがなりもサポートしながら遊びを楽しめるようにします。

Ⅲ 4〜6歳　　P.64〜93
友達とのコミュニケーションを楽しみながら遊べるようにしていきましょう。子どもたちの主体性や、友達と協力し合うことによる達成感を大切にしましょう。

Ⅳ 保護者　　P.94〜101
環境を通じて、園での子どもたちのようすや保育のねらいなどを伝えることで、信頼関係を築き、共に育ち合うきっかけをつくったりすることができます。

Ⅴ 解説　　P.102〜113
写真を用いた研修の方法や研修を通じて得られることなどを、あゆのこ保育園の事例を基に解説します。研修を導入する際のヒントにしてください。

お断り

 本書では保育者のことばがけをオレンジの吹きだしで入れています。

 本書では子どもたちの発言や代弁した気持ちをピンクの吹きだしで入れています。

Ⅰ 0〜2歳 遊びの環境づくり

安心して過ごす

▶ **保育者の思い** ｜ 新しい環境に慣れずに、不安に思っている乳児のために、お母さんといっしょに写った写真を掲示したい。（0歳児の実践）

気づきときっかけ
泣いている子どもにお母さんと写った写真を見せたら笑顔になった

ママと○○ちゃん いっしょだね

遊べる掲示
お母さんと離れた不安な気持ちを受け止めるために、お母さんと写った写真を掲示することにしました。ただ写真をはるのではなく、布をめくるとお母さんといっしょに写った写真が出てくるしかけにして、楽しめる工夫をしています。保育者が「○○ちゃんがいたね」「もうすぐお迎えくるからね」など声をかけ、安心感を持ってもらいます。

子どもが自分でめくれる高さに
保育者がいなくても、子どもが自分で、好きなときに、写真を見て遊べるように、子どもの目線の高さに掲示しました。寂しくなったときなどに、自由に見られます。写真の前で寝転がったり、お座りしたりしながら遊び感覚で楽しめます。

秋田先生アドバイス　乳児は周りの大人との温かく豊かなやりとりの中で成長します。安心できる環境をつくるのが基本です。新入園時期は特にお母さんと離れた不安な気持ちを受け止め、保育者との信頼関係を築いていきましょう。あたたかなことばがけとスキンシップが重要です。

遊び・春

感触を楽しむ

0〜2歳

▶保育者の思い　小麦粉粘土の感触を味わって楽しんでほしい。
（0歳児の実践）

気づきときっかけ

初めての感触遊びに抵抗を示す子どもがいることも予想して、小麦粉粘土をこねて作っているところを見せたら、子どもがとても興味を示した

見て見て。
なーんだ？

よし、
さわってみよう

作っているところを見せる

小麦粉に水を少しずつ入れながら、粘土を作るところから見せます。さらさら→べとべと→ふにゃふにゃの変化も体験して、ひとしきり感触を味わいました。手でまとめたものを友達に渡したり、見たて遊びが始まったりしたのは、丸テーブルがひと役買ったようです。

秋田先生アドバイス
みずからかかわることで形や硬さがどんどん変化する粘土遊びは、感覚遊びの代表選手です。柔らかく扱いやすい小麦粉粘土は、安全な素材で、乳児でもじっくり集中して遊べます。遊ぶものを作っているプロセスを見せるのは興味を高めるのにもつながります。遊びへの意識が高められやすくなっていいですね。

※小麦粉粘土についてはアレルギーに十分に注意しましょう。

感触を楽しむ…続き

> ▶ **保育者の思い** 小麦粉、片栗粉、パン粉などに水を加えて作った粘土で、たくさん遊びながら感触の違いを味わったり、いろいろなものに興味を持ったりしてほしい。
> （1歳児の実践）

「つめたいね」
「つめたい？」

片栗粉と小麦粉に水を加えて感触の違いで遊ぶ

指で押したり手のひらに持って握ったり、こすり合わせたり、感触の違いが感じられるように保育者もいっしょに触ります。食紅を入れると色で遊ぶこともできます。

「きもちいい〜」
「本当だね、気持ちいいね」

「よいしょ、よいしょ」

力を入れると変わる感触（パン粉）

上からパラパラと降らせるように手のひらに乗せたり、手で握ったり、いろいろなバリエーションで楽しんだら、水を加えてしっとり感を体感します。

水を入れたときの変化を楽しむ（片栗粉）

水を少しずつ入れてだんだん固まる片栗粉特有の感触を楽しみます。慣れてくるとだんだんダイナミックに遊ぶようになりました。

> **秋田先生アドバイス** 小麦粉、片栗粉、パン粉など、いろいろな素材を使ったり、硬さを変えたりすると、いろいろな粘土の感触の違いを体感できます。つついたり、つまんだり、手のひらでギュッと押したり、いろいろな感触から自分のかかわりと粘土の変化を実感できます。保護者とも作り方を共有できると楽しみがさらにご家庭にも広がりますね。

遊び・春

表現して遊ぶ

0〜2歳

▶ 保育者の思い ｜ 色や素材を楽しみ、自由に表現するきっかけをつくりたい。
（1歳児の実践）

気づきときっかけ
お絵描きなどの活動でも戸外だとダイナミックに遊べる

戸外で色遊び
最初はゴザの上に置いた段ボールに描いていましたが、ゴザ、段ボール、コンクリートと描く場所が広がりました。たくさん絵の具を付けたところはヌルヌルすることも体験して発見できました。

きれい!!

自分で見つけた場所にも
コンクリートの次はガラス窓を発見。みんな横並びになって芸術作品が完成しました！ スポンジに水を含ませてこすり、消えたところにまた塗るなど創作意欲は止まりません。

秋田先生アドバイス
フィンガーペインティングは思いのままに扱えるので、色からイメージしたり、イメージしたことを表現したりすることを育てるのに適しています。遊びの場所を変えることで、子どもの動きが変わり、表現も変わっていきます。戸外で描くことで段ボールからゴザ、コンクリート、ガラスと遊びに広がりができ、さらにみんなで描く喜びも味わえたのは園の環境ならではです。

新しいもの・ことを体験する

▶ **保育者の思い** ｜ 涼しく快適に、楽しく夏らしい遊びを体験してほしい。
（0歳児の実践）

気づきときっかけ
氷や水は冷たくて、興味を持っているみたい

大きなタライに氷を入れておく
大きなタライにいろいろな形、いろいろな大きさの氷を入れておき、好きなように遊んでもらいました。氷の冷たさ、滑りやすさなどを体感しています。

「冷たいね〜」

全身で冷たさを感じる
手で触るだけでなく、顔や口も使えば、全身で冷たさを実感できます。「氷、冷たいね」「つるっと滑ったね」など、言葉をかけていっしょに遊ぶことで、繰り返し遊んでいました。

「気持ちいいな〜 ○○ちゃんも"冷たい"する?」

怖がるときは保育者の手から
怖がって触れないときはまずは保育者がサポートして、少しずつ慣れていくことが大事です。氷を触った保育者の手を触ったり、手に乗せた氷を触ったりして慣れていくようにするなど、スモールステップに分け楽しんでやりましょう。

遊 び・夏

① 0〜2歳

いろいろな道具を使って

水のように形がないものも、ジョウロやひしゃく、コップなど、身近なものを使って形を変えて遊ぶ体験により、イメージが広がります。

音としぶきで遊ぶ

自分で水面をたたいてしぶきを上げて遊んでいます。大きめのタライを使うと簡単にできます。

きもちいい〜

ポヨンポヨン〜どんな感じ？

ふかふかウォーターベッド

布団圧縮袋などじょうぶで大きな袋に水を入れると、ほっぺをくっつけたり寝転がったりして、また違った冷たさや感触を実感できます。

ぬらしたスポンジやタオルで遊ぶ

水を怖がる子どもには、水を吸い込んだスポンジから始めるなどひと工夫。周りの保育者や友達が楽しそうにしているのを見れば、初めは怖がっていた子どもも興味を持って、だんだんと触れるようになります。

13

前頁の続き

色付きの水で遊ぶ

少量の水に食紅を溶いて、そこに水を足していって色の濃淡の変化を楽しみます。カップですくったり、ポリ袋に入れて向こう側を見てみたり……。ほかの色も作って混ぜ合わせたり、花びらや葉（アオジソなど）を使って香りを楽しんだりしました。

> つめたいよ～

> ピンクになってきた

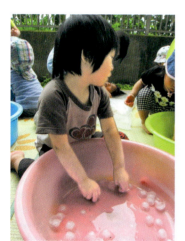

氷の形状の変化を感じる

まずタライの中に水を入れて触り、次に氷を入れて温度や感触の変化を楽しみます。氷を触って手のひらに乗せたり、溶けていくところを見たり……。氷は溶けてしまうこと、つかもうとすると滑りやすいことなどを体験します。

> せんせい、わたしにも！

いろいろな容器で水をすくったり、流水を受け止めたりする

保育者がジョウロから水を流すとその流れに興味を持ち、その流れる水を受け止めたいと思ったようです。近くにあった小さなスコップで「ぼくも」「わたしも」と流れる水を夢中で受け止めています。

秋田先生アドバイス

氷を触ったり、流れる水を楽しんだり、寒天で固めて遊んだり……温度や質感の変化を感じる出会いの体験は大切です。できるところから少しずつ体験できるよう誘ったり、みんなのようすを見せ合えるようにしましょう。カップやスポンジ、ジョウロを用いると、ここに水が入るだろう、ここから出てくるだろうと、イメージが予期できるのでいいですね。

遊び・夏

新しいもの・ことを体験する…続き

▶ 保育者の思い｜手指を使って寒天の心地良い感触を体験してほしい。
（0歳児の実践）

0〜2歳

扱いやすい用具を用意する

　手でこね回したり、握って指の間からギュッと出したりして、さまざまな感触を体験しています。ゼリーやヨーグルトのカップは子どもにとってちょうどいいサイズで扱いやすいようです。

にゅるにゅる〜

まず間接的に触り、少しずつ慣れる

　直接触るのには抵抗がある子どもは、ポリ袋越しに保育者といっしょに触ることからスタート。これならお座りの子でも集中して遊べます。

ジッパー付きの袋は破れにくいので、柔らかいものを触るときに便利。

床に置くと触りにくいので、腰の高さの台に置いて遊んでみると集中できました。

秋田先生アドバイス　身近にあるものを使うことで、警戒心を持たずに興味を深めていけますね。小さい子はクチュクチュ、ペチョペチョといった感覚が大好きです。手だけでなく、シートを上に乗せて足踏みするなど、触感の幅を広げ全身で楽しみましょう。

新しいもの・ことを体験する…続き

> **保育者の思い** 足裏の感覚を養うために、はだしでの戸外遊びをたくさんしてほしい。（0歳児の実践）

気づきときっかけ

いきなりはだしで戸外に出るのは抵抗があるみたい

レジャーシートからチャレンジ

まずはテラスにレジャーシートを敷いてその上を歩いてみるところからスタート。慣れてきたころにレジャーシートに今度は土や砂をまいてみて、少しずつ触れることができるようにしていきました。

人工芝にもトライ

はだしにだいぶ慣れたら、人工芝など少し刺激の強い物や、水でぬれた土も取り入れるようにしました。

秋田先生アドバイス　手足などの感覚を養う経験はとても大切です。家庭の習慣によっては、はだしで歩くことがほとんどない子どももいますから、園で、はだしで遊ぶ経験を保障しましょう。戸外遊びだけでなく、夏は室内にゴザや畳を敷いておくと、手で触ったり、足の裏でスリスリしたり、横になってゴロゴロしたりして楽しめます。身の回りのさまざまなものに、手や足で触れて楽しむ経験をたっぷり保障しましょう。

遊び・夏

生き物に触れてみる

0〜2歳

▶ 保育者の思い｜カエルやセミなどの身近な生き物を見たり、触ったりして自然への関心を持ってほしい。（0歳児の実践）

保育者が捕まえてきたカエルを見て…

「このカエルとおなじ」と、子どもが前に見たカエルの描かれた絵本を持ってきました。「よく気づいたね」と言葉をかけ、本物のカエルと絵本のカエルを見比べました。

ちょっとこわいなあ…

だいじょうぶ。そうっとね

セミに触ってみる

夏の終わりに弱ったセミがテラスに飛び込んできました。怖がらせないように、台の上に手を置いて、触りやすくしました。目線が合う位置で見せると安心感が高まります。

秋田先生アドバイス 色や形は絵本で知ることができても、大きさや質感、音は本物にふれてこそ実感するもの。生き物とのふれあいのチャンスが多いのも園の環境ならではの経験です。命の大切さを学ぶ第一歩となります。怖がるときは無理をせず、絵本と見比べたり、保育者が触るのを見るだけでもよい体験になりますね。目を合わせていっしょに見つめ、安心して興味・関心を持てるようにしましょう。

出したり入れたり……

▶ **保育者の思い** ものを出したり入れたり、何かに体ごと入ったり出たりする体験を楽しんでほしい。（0歳児の実践）

気づきときっかけ
子どもが袋からものを出したり入れたりするのに夢中

空き袋にものを入れたり、出したりする
大きな紙袋に、おもちゃや好きなものを出し入れして遊べるようにします。

何か入っていた？

ガサゴソ ガサゴソ

みーつけた

段ボール箱で、いないいないばあ
段ボール箱に、自分から中に入って出たり入ったりを楽しんだり、友達といないいないばあを始めたりしました。遊びの幅も広がります。

秋田先生アドバイス
子どもは物をしまったり出したりする遊びが大好き。発見する喜びが心を安定させ、出し入れによってあったことが認識できると、安心感から何度でも繰り返してやりたくなります。紙袋への出し入れ、かくれんぼ遊びなどが子どもから自由にできる環境をつくりましょう。段ボール箱の中に入ったり出たりして遊ぶのは、かくれんぼのような遊びにつながりそうです。自分の荷物棚を子ども自身が落ち着く場所として使い始めたこともありました。おもしろい展開ですね。

遊び・秋

自然とふれあう

0〜2歳

▶ 保育者の思い｜自然とふれあって、五感を通して自然の豊かさを感じてほしい。
（1歳児の実践）

発見したら立ち止まる

動くもの、音を出すもの、草や葉など、何かに気づいたら立ち止まって、見たこと感じたことを共有できるようにしました。

「畑に野菜がいっぱいだね」

「うん、いっぱいだね」

「おさかな、バイバーイ」

散歩などで見つけたものを保育室に飾る

散歩で見つけて持ち帰ったもので保育室を飾ると、四季への関心につながります。また、散歩で見つけたものを思い出す助けにもなります。

秋田先生アドバイス　子どもたちは戸外が大好き。興味のあるところでは自分で近寄っていきます。何かを見つけたらしゃがんで拾ったり、立ち止まって動くものを見たりして、共に感じることで安心感を得ます。手をつないで安全を確保しながら、子どものペースでゆったりと散歩して自然とふれあいます。発見を受け止め合って、心が通い合う豊かな時間にしましょう。子どもたちの発見を見逃さないようにしたいですね。

自然とふれあう…続き

▶ **保育者の思い** | 自然とふれあいながらたくさん体を動かしてほしい。
（0歳児の実践）

気づくきっかけ

歩けるようになってくると、保育室のしきりへよじ登る姿が多くなる

よじ登れる段差のある遊び場所へ

しきりへよじ登っているのは、できるようになったからやりたいことだと思い、戸外でそうした遊びができるように、よじ登れる段差がある遊び場所を探して散歩に行きました。子どもたちは簡単に登れそうな段差よりも、少し難しいほうが挑戦しようとするようすがあり、手を出さずに見守るようにしています。登り終えると達成感に満ちた表情をしています。

秋田先生アドバイス　歩行が安定して、自由に歩き回れるようになると、今度は登ろうとし始めます。両手を使って、自分の体の重みを感じながらよじ登る運動は、運動機能や体の感覚を養うのにとても大切です。めいっぱい遊べるように散歩の時間などを利用して、戸外で運動できる機会をたっぷり保障しましょう。安全を確保しながら、子どものペースで、十分に遊べるようにしたいですね。

遊び・秋

目線を変えると遊びが活発になる

0〜2歳

▶保育者の思い｜生活の再現をイメージできるようになってきたから、存分にままごと遊びをしてもらいたい。（1歳児の実践）

気づきときっかけ

床で遊んでいた子どもたちに、机とイスを用意したら遊び方が変わった

机で落ち着いてままごと

ままごと遊びをする場所にはキッチン台や机をあらかじめ出しておきました。自発的にやりたいときに始められ、床でやるよりも遊びが持続します。

保育者と対面でやりとり

見たて遊びを始めるときは、まず保育者とのやりとりから。対面に座ると、会話が長く続きます。

秋田先生アドバイス　床で遊んでいた子どもに、机とイスを用意するだけで遊びが変化しました。ちょうどよい高さの机やイスがあると、ままごとなどの見たて遊びはリアルになって、いろいろなやりとりができるようになります。また、落ち着いて遊べるので、遊びに集中しやすくなります。粘土遊びなどでも机とイスを用意すると、集中して遊べるようになり、よいですね。机やイスは牛乳パックの中に牛乳パックなどを詰めたものを重ねたり、つなげたりして作ることもできます。

目線を変えると遊びが活発になる…続き

▶ 保育者の思い　身近な素材でお買い物気分を味わい、保育者とのやりとりを楽しんでほしい。
（１歳児の実践）

気づきときっかけ

机で空間を分けることで役割分担ができるようになる

言葉のやりとりを楽しむ

紙袋、空き箱などは保護者に協力していただいて集め、保育者がお店の人、園児はお客さんになってプチお店屋さんごっこ。対話を楽しみました。

「きれいなはこだな」

「はいどうぞ」

「くださいな」

「いっぱいかったよ」

箱に入れて渡すとワクワク度がアップ

箱やリボンも用意して、プレゼント用にしあげるととても喜んでくれました。

低月齢の子どもは袋遊びを楽しむ

低月齢の子どもは、袋をたくさん手に持ったり、使ったものの出し入れをしたり、頭にかぶったりして、高月齢の子どもといっしょに楽しめる工夫をします。

秋田先生アドバイス　子どもの日常経験としてのお買い物。お店屋さんやお客さんになり切ってのコミュニケーションだからこそ、さまざまな言葉を使いながら、ちょっと背伸びした経験ができます。どの年齢でもごっこ遊びは保障したい遊びです。

遊び・冬

空気で遊ぶ

0〜2歳

▶ 保育者の思い｜袋に空気を入れて飛ばしたり、空気を抜いて音を出したりして、空気の不思議を楽しんでほしい。　（0歳児の実践）

気づきときっかけ
傘用のポリ袋を使って遊んでみたら、子どもは遊びの多様さに大喜びだった

傘用のポリ袋などに空気を入れて触れてみる

風船遊びはまだ難しいので、つかみやすく、扱いやすい傘用のポリ袋に空気を入れて遊びました。ポンポンとたたいたり、ほうったり、空気を抜いたり膨らませたり、いろいろに遊びにつながりました。

秋田先生アドバイス　色も重さもない空気は不思議でいっぱい。ポリ袋を使い空気が入ると形が変わることを楽しむことができます。傘用のポリ袋は、ふつうの風船のように飛ばして遊ぶだけでなくバリエーションが広がるので、お座りの子ども、歩く子ども、だっこの子どもと月齢がいろいろでも楽しめてよいですね。

空気で遊ぶ…続き

> ▶ **保育者の思い** ｜ 梱包材の感触を楽しんだり、乗って音を出したりして、不思議さを感じてほしい。
> （0歳児の実践）

気づきときっかけ

子どもたちが置いてあった梱包材に興味津々。床や壁にはってみたら、遊びにつながった

床や壁にはって、遊びやすく

足で踏みつけたり手でつぶしたり、夢中になれる梱包材で遊びました。手に持つとうまくいかないので、床や、つかまり立ちの目線の高さの壁にはって、圧力がかかりやすい、立った姿勢に誘えました。

「タッチしてプチプチってできるかな？」

「プチプチっておとがなるね」

「あっ！つぶれちゃった！」

秋田先生アドバイス ｜ 梱包材は、足でつぶすのも、指先でつぶすのもけっこう力がいるのに、空気が抜ける感覚が快感で、どの子も夢中になるので活用したい素材です。壁や床も環境のひとつ。工夫次第で、さまざまな遊び場になります。

遊び・冬

体を使って思い切り遊ぶ

0〜2歳

▶ 保育者の思い　体を動かすことの楽しさを味わってほしい。
（1歳児の実践）

気づきときっかけ
ちょっとした段差でも子どもにとっては、よい運動遊びになる

身近な物で運動遊具を作る

寒い冬でも全身運動ができるように、保育室に運動ができるスペースを作ります。はしごを横にしてまたぐ、とび箱を乗り越える、すべり台を滑る…1〜2歳児が体を動かすことの楽しさを味わえる運動をひととおりできるようにしました。運動遊具は新たに購入せず今あるもので代用したり、組み合わせたりして手軽にできました。

トン、トン、トン

飛行機みたいだね

わーい！

秋田先生アドバイス
体力、知力、コミュニケーション力が飛躍的に成長するこの時期は、なんでもやってみたくてたまりません。子どもにとってちょっと難しい小さなすべり台、はしご渡りを作ると子どもたちがチャレンジする意欲が生まれます。近くで見守りながら挑戦してできた喜びや達成感を保育者が共感する環境づくりが大事です。

Ⅰ 0〜2歳 くらしの環境づくり

落ち着ける・遊びたくなる場所を作る

▶ **保育者の思い** 遊ぶ場所の中にも落ち着ける場所を作りたい。
（0歳児の実践）

家具でしきりを作る

部屋の真ん中に子どもの背丈ぐらいの棚を配置して空間を分けました。遊びスペース側から棚が使えるようにし、棚にはおもちゃなどを収納。子どもたちは自分で取り出して自由に遊んでいます。

棚の裏は落ち着けるスペースに

棚を部屋の真ん中に置くことでできた棚の裏側のスペースは、周りに何も置かず、落ち着けるスペースにしています。

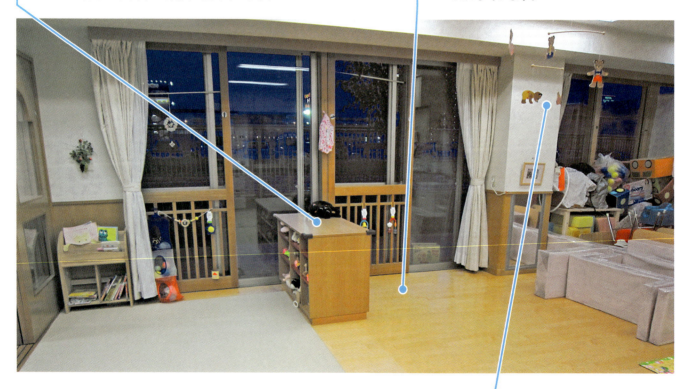

● 天井からつり下げるおもちゃ

落ち着いたときに気分を変えられるよう、だっこしたときの目線の高さに合わせておもちゃを天井からつり下げました。よいタイミングでおもちゃに興味を持たせ、スムーズに遊びに戻れる工夫です。

くらし

かわいらしいイラストで演出　0〜2歳

　オムツ台の壁には、かわいらしくデコレーションを施して、安らげる環境を演出しています。
　オムツ替えの前後に子どもたちはよく見ています。

伝え歩きが自然にしたくなる工夫

　0歳はちょうどいたずらをしたくなる年齢であることを考えて、窓の前に設置している木の柵には、おもちゃを設置しています。楽しみながら、しぜんにつかまり立ちに誘えるように工夫しています。

秋田先生アドバイス　子どもが自分のペースで遊ぶためには、落ち着けるスペースがあることも大切です。子どもの高さくらいの棚は、子ども目線では空間がしきられますが、大人からは全体が見渡せるので、安心ですね。

落ち着ける・遊びたくなる場所を作る…続き

▶ 保育者の思い　ひとつの遊びでなくて、それぞれが思い思いに夢中になって十分に遊んでほしい。
（0歳児、1歳児の実践）

気づきときっかけ
しきりによって落ち着く、安心できる自分のスペースを確保する

ジュースをどうぞ

しきりで、落ち着いて遊びに集中
　子どもたちは狭いところが大好きです。広いスペースの中で、やりたい遊びが見つけられたら、段ボールで空間をしきることで、安心して遊びにより集中できます。

スペースを確保して広く使えるように
　段ボールのしきりがあるので、オープンスペースにしました。広いスペースと段ボールで、子どもが自分で好きな場所で好きな体勢で遊べて、夢中になって遊べるようになりました。

しきりも遊びの材料に
　子どもたちにとって、身近にあるものはどれも遊びの材料になります。空間をしきるものも、軽くて子どもでも持てるものを使うと安全で遊びの幅も広がります。

くらし

気づきときっかけ
狭いところや薄暗いところは、落ち着いたりドキドキしたりして楽しいみたい

Ⅰ 0〜2歳

カーテンで区切って隠れられる場所を

　カーテンの中や押入れの中など、狭くて薄暗い場所は子どもにとっては、落ち着く場所でもあり、ドキドキ楽しい場所でもあります。保育者がカーテンの中に隠れて飛び出したり、カーテンを揺らしたりして、遊びにつなげられるようにしました。

タライで自分の場所を作る

　砂遊びのときに砂を入れていたタライに体ごと入って遊び始めました。落ち着いて砂遊びができるので、戸外で遊ぶときも、自分の場所を作れるタライや段ボールなどを置いておくようにしています。

前頁の続き

気づきときっかけ

カーテンを使った遊びに、子どもたちが夢中になっていた

トンネルくぐり

カーテンを使った遊びに子どもが夢中になっているのを見て、薄いレースのトンネルを購入して作ってみました。トンネルに隠れたり、中をくぐったりして、カーテンよりもダイナミックに遊べました。

輪の中をくぐって遊ぶ

レースのトンネルくぐりから、さらにバルーンアート用風船で作った輪の中をくぐる遊びに発展。子どもたちは、「ぼくも」「わたしも」、と夢中になっています。

秋田先生アドバイス
自分の好きなことを自分のペースで落ち着いて遊べるように、動的な遊びと静的な遊びの場をしきるのはよいですね。この時期は月齢によって運動発達の差があり遊び方も異なるので、どの子も楽しめるレイアウトが発達に合った遊びの提供につながります。可動できるしきりとして段ボールやマット、ソフト積み木などを使うと場を変化させられます。またカーテンを設置して区切ると、それ自体も遊びへと発展します。

くらし

遊びを選ぶ

Ⅰ 0〜2歳

▶ 保育者の思い　自分で遊びたいものを選んで、主体的に活動してほしい。
（0歳児の実践）

気づきときっかけ

乳児クラスでは保育者が遊びを与えることが多い。幼児クラスではもっと遊びが選べる工夫がされている

ウォールポケットにおもちゃを入れる

　自分で遊びたいものやお気に入りのおもちゃを選んで取れるように、ウォールポケットを用意し、そこにおもちゃを入れるようにしました。入れる場所を決めておいたら、遊んだあとは元あった場所に戻すように。かたづけの習慣も生まれました。

何が入っているかな？

どれにしようかな

31

前頁の続き

子どもの目線の高さを考えて収納

見える収納にして見つける楽しさを。与えるのではなく、子どもたちが自分で見つけるまで見守ります。

整とんして置き、選びやすくする

人形はほうり込んだり、雑然と置いたりするのではなく、しっかりと場所を決め、寝たり座っている状態で置くようにします。持ち運ぶときは抱いて運ぶように言葉をかけます。

重いものは下の段に

重いものや縦に細長い形状のものは、子どもが押したり引っ張ったりして、倒れたり落ちてきたりすることがあるので、下の段に収納します。

秋田先生アドバイス

遊びたいものを選ぶには、そこにものがあるという認識が必要です。場所が決まっていれば、あそこに行けばあのおもちゃがある、私も使うことができる、ということがわかり、遊ぶ、かたづけるまでを見届けることができます。子どもの目線に合わせて置いたり、整理・整とんしておいたりすることも、子どもが遊びやすくする大切な工夫です。
棚の高さは、ひざぐらいのものはよじ登ったりして危ないので、しっかり固定しましょう。

遊びを選ぶ…続き

> **保育者の思い** ｜ 子どもたちが意欲的に行なえるような環境を工夫したい。
> （1歳児の実践）

I 0〜2歳

「○○ちゃんすごいね。開けられたね。うれしいね」

中身の写真をはって見える化

ジッパー付きの袋には、中身の写真をはっておき、何が入っているか、何をしまえばいいかがわかるようにしておきます。

ジッパー付きの袋で楽しくしまう

ジッパー付きの袋に必要なものをしまうようにすると、ジッパーの開け閉めが楽しいので、楽しく、遊びながらしまう習慣ができました。

秋田先生アドバイス

自分で考えて工夫して遊べるように、すぐに手を出さないで見守る姿勢が大事ですね。ここからものを出したあと、子どもはどうするかまでイメージして環境づくりをしてみましょう。細かくジッパー付きの袋やカゴなどに分けたり、写真をはったりしてわかりやすくすると、眺めて遊びをイメージする→じっくり遊びに取り組む→満足する→かたづける→次も続けたくなるというサイクルができます。

Ⅱ 2〜4歳 遊びの環境づくり

行動範囲を広げる

▶ **保育者の思い** 自分で選んだおもちゃで遊びながら少しずつ行動範囲を広げていってほしい。
（2歳児の実践）

「がたんごとん、がたんごとん」

遊ぶ場所を分ける

カーペットが敷いてあるところはみんなでおもちゃを広げて遊ぶところ、フローリングの床や机はひとりで遊びたいときに使うところというように、遊ぶ場所を分けます。そうすることで、決まった場所ではなく、移動しながら遊ぶことになり、少しずつ行動範囲が広がります。

床や机を広く使って遊べるようにする

ひとりで遊びながらも、友達とのかかわりも少しずつ求めるようになるので、大き目のテーブルなどを置いてスペースを広く取りました。

遊び・春

積み木、いっぱい運んでいるね

おもちゃをまとめて運べるように箱を用意する

自分で遊びたいものを「どっこいしょ」と持ってきて、遊び場所に向かうところです。収納場所を床の近くにしたので、スムーズに自分で運ぶことができました。

Ⅱ 2～4歳

大きめの箱にままごとセットをひと通り入れておく

ひとりで運べるくらいの大きめの箱にままごとセット一式を入れておけば、箱ごと持って行って遊べます。かたづけるときにも箱を戻せばいいので、子ども自身でできています。

大きめのおもちゃは車輪付きボックスに収納

自分が遊びたいものがしまってある場所がわかるように収納します。カゴやボックスに分けて収納すると適量に収納しやすいです。

秋田先生アドバイス
2歳児は運動能力、手先の器用さ、言葉などの成長を背景に、行動がより自由になって、その範囲も広がります。ダイナミックな遊びも静かな活動も安心してのびのびできるように、遊ぶ場所を子どもが選べる環境を確保します。ままごと道具やおもちゃの大きさ、素材、内容で集中力が変わるので、発達や季節に合わせてよく吟味し、変化をもたせて遊べるようにしましょう。

手先を使って遊ぶ

▶ 保育者の思い　遊びやくらしの中で楽しみながら、手先を動かす体験をしてほしい。
（2歳児の実践）

洗濯バサミで遊びながら手先を使う

　ビニールテープでつなげた段ボールのしきりで、ひとりになって洗濯バサミで遊んでいます。つなげたり段ボールに挟んでみたり、微妙な力加減も必要なので手指のよい運動になります。
　ひとりになりたいとき、ひとりで遊びたいときに段ボールのしきりが役だっています。

いっしょでいいね

洗濯バサミで補強

　段ボールのしきりが倒れそうになると洗濯バサミで補強してしっかりつなげています。また、洗濯バサミをたくさんつなげて境界を作ることを始めました。同じような遊びを何人かがやっているときは、みんなでいっしょに、遊べるようにつなぐ言葉をかけていくと、より遊びの幅が広がるようです。

遊び・春

S字フックをかける

友達とかかわって遊ぶことも増え、友達が段ボールのしきりの縁にS字フックを並べると、いっしょに遊び始めました。

Ⅱ 2〜4歳

● 収納は本棚に

段ボールのしきりは、折り畳んで本棚に立てて収納しています。子どもたちが自分で取り出したり、しまったりできるようにしています。

秋田先生アドバイス　洗濯バサミで挟む、フックを引っかけるなどの遊びが、手先を使って握ったりつまんだりと微細運動をしぜんに引き出し、器用さと集中を誘います。折り畳んで本棚にもしまえる高さの段ボールのしきりはコストもかからず安全で扱いやすく、ひとり遊びにもグループ遊びにも使えます。イメージを形にする見たて遊びにも発展する身近な素材を取り入れましょう。

興味・関心を広げる

▶ 保育者の思い｜季節や自然に関心を持ち、繰り返しふれあってほしい。
（2歳児・3歳児の実践）

「何か見つけたの？」

「これなんだろう？」

「てんてんのもようがある…」

「みたことあるよ」

「なんだろう？」

すぐに答えを与えず、観察を見守る（3歳児）

何かを見つけたときは、「これは○○よ」とすぐに答えを言わずに、「なんだろう？」といっしょに考えます。採集して姿や形をよく観察し、言葉で表現する手助けをします。

遊び・春

気づきときっかけ

子どもたちが、戸外で見つけたダンゴムシにとても興味を示していた

ダンゴムシはどこかな？

ダンゴムシの見つかりそうな場所のヒントを声かけ（3歳児）

「ダンゴムシはどんなところにいるんだろうね」と、ダンゴムシを子どもといっしょに探します。採集用にはカップを用意し、ダンゴムシを集めました。

Ⅱ 2〜4歳

ダンゴムシみつけたよ

ミミズもいたよ

驚きや発見を受け止める（3歳児）

ダンゴムシのほかにもミミズやカマキリも見つかりました。満足顔の子どもたちと、「すごいね」「どこにいたのかな」「触ってみたらどうだった？」と感動を共有します。

絵本で興味・関心を高める（2歳児）

園庭での自然探しに期待感を持ったり、生き物への興味・関心を深めたりできるように、探索の前やあとで、生き物についての絵本などを読んでいます。このときは、探索のあとに、『だんごむしのころちゃん』（高家博成／作・仲川道子／絵）の紙芝居の読み聞かせをしました。ダンゴムシの生態がドラマチックに描かれていて子どもたちは興味津々です。また自分でもダンゴムシにかかわる絵本を選ぶこともしてみました。

39

興味を持ったものを調べる

▶ 保育者の思い　体験したことを振り返って、さらに興味を深めてほしい。
（2歳児、3歳児の実践）

気づきときっかけ

虫や植物の観察に行くと、子どもたちに虫や植物の写真を撮ってと頼まれた

探索時に撮った写真、見つけた生物の生態がわかる写真などを掲示

　自然への興味をつなげる工夫として、花や実は持ち帰って展示、生き物は写真に撮って子どもの目線の位置に掲示しました。散歩のあとに振り返って話し合う姿も見られ、興味が持続するようになりました。

ホッとできるスペースの壁にも写真を掲示。子どもが散策中しぜんに「せんせい、しゃしんにとっておいてね」と言うようになりました。

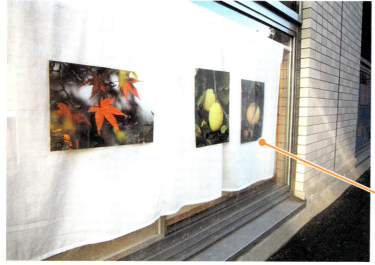

戸外で遊んでいるときも、ふとしたときに見られるように、窓の外側にも写真を掲示しています。

遊び・夏

お外で見つけたね。どんなだったかな

くねくねうごいてたよ

写真をスクラップに

採集した虫は写真に撮ってカードにしてスクラップしました。友達や保育者といっしょに見て会話しながら生き物の不思議や楽しさを共感しています。

Ⅱ 2〜4歳

さらに採集した虫といっしょに展示

戸外での観察のときに撮った写真だけでなく、採集してきた虫もカゴに入れて保育室の中に展示し、好きなときに見られるようにしました。採集したときに撮った写真もいっしょに展示しました。

秋田先生アドバイス
テーマを持った園庭での季節探しから生き物への関心が高まり、読み聞かせや写真を掲示するという環境づくりによって、興味・関心が持続、発展していきました。子どもが何を思ったのかを想像しながら、好奇心が高まるようなことばがけをしながらいっしょに考え、興味が深まる働きかけを継続してできる工夫をしましょう。

前頁の続き

気づきときっかけ

虫を飼育していると、子どもたちが虫を観察して絵を描くようすがたくさん見られるようになった

描画材を近くに用意しておく

　机に虫カゴを持ってきて、テントウムシの絵を描き始めるようすがたくさん見られるようになったので、虫の飼育箱のそばに、画用紙やえんぴつ、全芯の色えんぴつなどを用意することにしました。すると、虫を観察しながら描くようすがさらに見られるようになりました。「ナナホシテントウは星がいくつだった？」とより注意深く見るようなアドバイスをしながら、でき上がった絵を額に入れると、保護者も喜んで見てくださり、虫に触れた経験や子どもの成長を共有できました。

てんとうむし

秋田先生アドバイス　飼育箱を子どもの目線の位置に設置したことで、さらに興味が続き、観察が深まっている「科学する環境づくり」です。目にふれる場所に虫カゴ置き場を作り飼育し、観察に欠かせない画用紙やえんぴつ、全芯の色えんぴつなどを目に付くところに置いたことで、さらに楽しみが連鎖しています。描いたものを掲示して、保護者と感動を共感できたのは成長の足跡を残す環境づくりとして、子どもにも自信がついて、いいですね。

遊び・夏

気づきときっかけ

虫の飼育を始めたところ、さらに戸外で見つけた虫を大事に持ってきて、飼育する姿が見られるようになった

虫を飼育する

虫カゴを置く場所を作ってみると、虫探しで見つけた虫や、おうちで捕まえた虫などを大事に持ってきて、飼育、観察を継続するようになりました。飼育することの難しさもわかり、友達との会話も増えました。

Ⅱ 2〜4歳

横には虫について調べるコーナーを設置

生態がわかる写真を目線の位置にはったり、調べるスペースを作って虫に関連する図鑑を置いておくと、エサやりなどお世話のあとで調べる意識につながりました。

メダカの水槽も設置

虫だけでなくメダカの水槽も設置しました。子どもたちの目線の位置に設置して、よく見えるようにしました。さらにもっと興味を持てるように、オス・メスの違いをはっておき、メダカを見比べられるようにしました。すると、水槽の前に立ち止まって、オス・メスの違いをよく観るようになりました。

秋田先生アドバイス
飼育箱を設置したことで、さらにその生き物への興味が深まり、ほかの生き物への関心が出てきていますね。さらにみずから調べられる環境とセットにすることで、興味が持続する環境をつくることができました。また、虫だけでなく、メダカをはじめとする生き物に興味を広げていく保育者のセンスがすてきですね。

興味を持ったものを調べる…続き

> ▶ **保育者の思い** ｜ 虫の観察を続けることで、生き物への関心を深め、生長を見守る優しい心を育てたい。
> （2歳児の実践）

気づきときっかけ

園の窓のサッシにアゲハチョウの幼虫がきた

「なにかくっついてるよ」

「何かしらねえ」

見つけたものに興味を持てるようにする

サッシの隅に何かの幼虫を発見。「なにかのようちゅう？」「ようく見ておこうね」などと呼びかけました。

「大きくなるとどうなるのかな？」

「おおきくなるとアゲハチョウになるんだって！」

図鑑などを使って調べる

「大きくなるとこのチョウチョになるんだね」と話しながら図鑑を広げ、生長を心待ちに過ごす子どもたち。「怖くて触れなかった虫を触れるようになりました」「金魚を飼うようになりました」と保護者からの報告もありました。家での会話につながったようです。

変化を感じ取れるように声かけ

サナギになることは図鑑で知っていたので、サナギになっていることはすぐにわかりました。触らないでじょうずに見ることができました。

「サナギになってる！」

遊び・夏

みんなでリアルタイムで観察して、感動を共有する

数日後に園に来てみると、まさに羽化しているところでした。羽化後、羽を乾かす時間もとても喜んで、大事そうに見守ります。そしてなんと、羽を大きく広げ、子どもたちの周りを旋回して飛び立ちました。「アゲハチョウ、バイバーイ」と感動の瞬間です。みんな大切な自然の仲間であること、触ったりしないで見守ってあげることを理解できた貴重な体験でした。

Ⅱ 2〜4歳

「チョウチョがでてきたよ」
「がんばれ〜」

「アゲハチョウ、バイバーイ」

秋田先生アドバイス
生命にかかわる新たな体験で得た発見、喜び、感動を、共感してくれる保育者や友達に言葉で伝えようとします。共感してくれたことで欲求が満たされると、大切な経験となって蓄積され、自己肯定感をはぐくみます。毎日の出来事を大切にして子どもたちの感情を見守り、命の大切さを学ぶことができました。保育者が写真で記録してみんなで経験を振り返ることができるようにしたのも意味を持った活動でした。

意欲を持って遊ぶ

▶ 保育者の思い　｜　好きな遊びを選んで、ひとりでも友達同士でも集中してごっこ遊びをしてほしい。（3歳児の実践）

棚や机をおうちのように配置

人形の棚を窓側に並べていたのを、向きを変えておうちの居間のように棚と机を配置。立ったり座ったりいろいろな場所でままごとをする姿が見られるようになりました。子どもがどの位置について遊ぶかを想定しながらレイアウトしました。

段ボールをドールハウスの扉に。

人形の収納棚をドールハウスに

人形遊びが着せ替えごっこで終わってしまいがちだったので、収納棚をドールハウスのようにしようと提案。人形遊びが続くように工夫しました。

秋田先生アドバイス　棚や机のちょっとした位置の変更で、場が区切られて集中して遊べるようになります。「人形遊びを発展させられないかしら」という思いから、収納棚をドールハウスにしたのは子どもの気持ちに寄り添ったアイディアですね。友達といっしょに好みの遊びをするのが好きな子どもたちのために、繰り返しじっくり遊べる環境ができました。

遊び・夏

> **保育者の思い** | イメージが広がるアイテムを用いて、模倣を楽しんでほしい。
> （2歳児の実践）

気づきときっかけ

子どもは押し入れなど狭いところが好き。もっと有効に使いたい

● **押し入れのスーパーマーケット**

広告の果物、野菜、肉、魚の写真を切り、はってはがせるようにして、ラミネート加工したパネルに掲示しました。場所は押し入れの下です。レジスターを作ると、お店屋さんごっこが始まりました。

Ⅱ　2〜4歳

「スイカをください」
「ひとつどうぞ」

「ピ、ピ、ピ　300えんです」

ピザを切り分けられるように掲示

切り分けたピザを口に入れて食べさせるまねを始めました。落ち着ける空間だからか、友達とのコミュニケーションがよりうまくいく環境になりました。

秋田先生アドバイス　狭い空間を利用してみると、コミュニケーションの難しい子どもでも落ち着いて少人数でのやりとりが楽しめたようです。家庭での生活経験に基づき、その幅を広げるごっこ遊びは、この時期に大事にしたい活動です。自分でやろうとするけれど、甘えたかったり、思いどおりにいかなくてかんしゃくを起こしたりと感情が揺れ動くときですから、友達といっしょに遊ぶことが楽しくなるように見守り援助しましょう。

楽しみながら全身や手を使う

▶ **保育者の思い** 集めた木の実を使ってままごとをしたり、音の鳴るおもちゃを作って鳴らして遊んだり、体を動かしたりする楽しさを味わってほしい。　　　　　　　　　　　　　　　　　　　　（2歳児の実践）

身近にある自然の材料でままごと

散歩や園庭で拾った木の実を使ってままごと遊び。木の実を材料に見たてて料理のまねをして遊びました。戸外で自然の材料を使ったままごとは発見もいっぱいです。

遊び・秋

II 2〜4歳

手指を使ってイメージを形に

ペットボトルに木の実を入れて、シールやリボンでデコレーションしてオリジナルのマラカスを作りました。入れる量や入れる物によって音が変わることにも気づいていきました。

作ったおもちゃを使ってみんなで遊ぶ

リズミカルな音楽に合わせて手作りマラカスを鳴らして遊びます。静かなところでは小さく振る、盛り上がるところではたくさん振る、しゃがんだり、ぴょんぴょん跳ねたり、自分で踊りの表現を工夫しながら、いろいろな音を楽しみました。

秋田先生アドバイス 自分たちで木の実を拾うところから、ままごと、楽器作り、リズム遊びへと遊びがつながる体験になっています。季節を感じる素材は、素材そのものの美しさを五感で感じると同時に、イメージを広げやすいので積極的に取り入れましょう。2〜4歳になると体のコントロールがうまくなるので、全身を動かして遊ぶのが大好きです。リズムに合わせたり、イメージどおりに体を動かしたりする機会をたっぷり保障しましょう。

さまざまな素材を使って遊ぶ

▶ **保育者の思い** さまざまな素材を使って、好きなように描いたり、形を作ったりして遊んでほしい。
（3歳児の実践）

すぐ取り出せるように種別に収納

必要なときにすぐ使えるように、素材は種別に決まった場所に置いておきます。白のスポンジは崩れにくいものに変更しました。

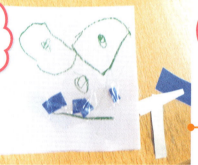

「これはおひげだよ」

「あかいのをケーキのイチゴにしようっと」

線と折り紙で「パパ」、色画用紙とクレヨンでカメ

クレヨンで描いた線に青い折り紙をヒゲに見たててはり、「パパ」と言って見せてくれました。手に持っているのは黄色の画用紙の切れ端を重ねてはったカメです。紙、クレヨン、色紙、セロハンテープなどをひとまとめにして置いておくと、自由な発想で素材遊びが展開しました。

「どうしたらじょうぶにできるかな」

白い紙で剣作り

紙を丸めて作る剣は、巻きぐあいを調整したり、持ち手を付けて短剣のようにしたりと、作ったもので友達と遊ぶうちに次のアイディアが出てきます。「どうやって遊ぶの？」と話しかけながらアイディアを形にする支援をします。

秋田先生アドバイス 目と手の動きを連動させられるようになるので、イメージを形にする表現遊びを喜びます。欲しいときに素材をすぐ取り出せる環境を整えて、表現の幅を広げましょう。また切り取った残りの紙や素材も、次に使えるような環境の工夫も継続のポイントです。

遊び・秋

> ▶保育者の思い　｜　見たことを思い出して体現することで、表現することを楽しんでほしい。
> （3歳児の実践）

気づきときっかけ

子どもたちは、イモ掘りがとても楽しかったようで、イモ掘りごっこをやりたいと言ってきた

おイモほりごっこしよう〜

イモを製作

サツマイモ掘りをした後にさらに子どもたちの興味・関心や遊びが広がるようにと、新聞紙でサツマイモ製作。園庭に持ちだして遊ぶ姿が見られました。

Ⅱ 2〜4歳

どうやったらきれるかな？

これはどう？

実物のイモでままごと遊び

製作したイモではイモ掘りの実体験ほどの手ごたえはなく遊びが途切れてしまいました。そこで、食べられない大きさの小さいイモを提供すると早速ごっこ遊びがスタートしました。切り方、皮のむき方、道具の工夫などを友達同士で行ない、洗う役、運ぶ役などを決めて長時間遊びが続きました。

> **秋田先生アドバイス**
> 実際にイモ掘りを体験したからこその遊びができました。散歩や行事で自然物を手に取る機会があると思いますが、表現遊びにもつなげられますね。感覚的な遊びや、少し考えて工夫しながら発展させる遊びなど、子どもの成長と興味・関心に合わせて遊びの環境づくりをしましょう。新聞紙のイモよりも本物を志向するところにも、子どもの感動経験が生きています。

ごっこ遊びを楽しむ

▶ 保育者の思い　子どもが何に参加していて何が楽しいのか…。ようすを見ながら言葉を受け止めるようさらに環境を整えたい。（3歳児の実践）

イメージしたことを形にしながら、遊びのアイディアを広げる

「この段ボールで何ができるかしら？」と働きかけ、子どもと素材の間に入って、展開を促しながら製作を援助します。思ったことを言葉で表現できるように聴き取って、「○○を使ってみたらどうかな？」「どんな窓にしたい？」など気持ちを受け止めます。

遊び・冬

Ⅱ 2〜4歳

タクシーかな？

バスだよ

ぼくはしょうぼうしゃだよ

ガソリンをいれます

渋滞してきたね

乗り物になりきって遊ぶ

保育者は例えば「車庫に入ります」「お仕事に行ってきます」「消防車とおります」など、イメージが広がるような言葉を添えます。危ないものはかたづけておきます。

ありがとう

役割を決めて遊ぶ

思い思いの車を作ったあとは、ガソリンスタンドごっこに展開しました。友達とのごっこ遊びは日常生活の言葉の練習にもなり、貸したり、借りたり、順番を守ったり、ルールを守るだけではなく、その必要性や新たなルールづくりもしています。保育者はようすを見ながら言葉を足したり、言いたいことをくみ取ったりして、仲介役になります。

秋田先生アドバイス
段ボールなどを使った大きなごっこ遊びが思い切りできるのは園の環境の醍醐味です。だれかが始めたことに端を発してどんどん遊びが展開していくので、「どんな形だったかな？」「タイヤはどこについていたのかな？」など、本物を観ながら形や色を工夫して、さらに本物らしく工夫できるような環境も準備しましょう。

ごっこ遊びを楽しむ…続き

> **保育者の思い**　身近なものや、自分で作ったものでごっこ遊びを広げ、みんなで楽しんでほしい。
> （3歳児の実践）

気づきときっかけ
5歳児の即興劇を見てあこがれて、ティアラを作りたいという意欲が生まれた

さまざまにティアラ作り
新聞紙やティッシュペーパー、赤い色紙と水色の画用紙などでいっしょにティアラを製作しました。

おひなさま
みたいにしたの

自分たちでも劇ごっこをすることに
「じぶんのクラスでもやりたい！」ということになり、話し合って新聞紙でマントも製作。思い思いにデザインして身に付け、曲に合わせて踊りました。

秋田先生アドバイス
絵本や童話などの内容もわかり、想像を膨らませ、その世界に浸り切って、役になり切ることが盛んになります。子どものようすから何がしたいのかを感じ取って、身に付けるものをいっしょに製作してみるのはいいですね。素材を用いた製作では、「ここ工夫したね」「本物の○○○みたいだね」と、製作の工夫を認めながら、イメージしたことをさらに広げて表現する楽しさを実感してもらいましょう。

遊び・冬

夢中になっていることをサポートしたい

▶ 保育者の思い　描く、作ることに夢中になれる環境を整えたい。
（3歳児の実践）

Ⅱ 2〜4歳

ちょうどいい高さの机を部屋の隅に用意

落ち着いて遊び込めるように、ちょうどいい高さの机を、じっくり取り組める場所に設置しました。自由な場所では好きなだけ出して広げていましたが、必要な量を持ってきて遊ぶようになりました。

● 作り方の工程をはり出してひとりでできるようにする

2〜3回で折ってでき上がる簡単な折り紙の折り方を子どもたちが見えやすい高さに展示すると、挑戦してみるようになりました。

興味のあるもので意欲を促す

最初は○△□など簡単な塗り絵を提供。そして、ふだん楽しんで話題にしているテントウムシや、「雨で外で遊べないけどきれいな傘を描こう」など、興味のあるテーマを用意。だんだんと集中して取り組み、その子らしい色で表現できるようになってきました。

秋田先生アドバイス　折り紙を折ってみたいけれど難しそうでしりごみしているときは、少し折って組み立てるようにして置いてみるなど、やりたいと思っているときを見計らって手引きになるような環境をつくるといいですね。集中できるよう、興味のあるテーマを投げかけたり、意欲が持てる環境をつくったりすることでイメージしやすくなり、やってみる気持ちになるものです。

Ⅱ 2～4歳 くらしの環境づくり

夢中になる空間（絵本）

▶ 保育者の思い　絵本に夢中になってほしい。

（2歳児の実践）

気づきときっかけ

机とイスがあると、活動に集中しやすい

本棚を窓側にレイアウトし、絵本に夢中になれる空間を

見せる収納も利用して、自由に好きな絵本を出したりしまったりできるようにしました。机を壁側に置いて読書スペースに。室内に残った子どもや、夕方からの保育時間などにのんびりできる空間をつくりました。

秋田先生アドバイス　集中する・ゆったりするなどで、場所のめりはりをつけることも大切な環境構成のポイントです。活動の高さを変えることで、その内容も変わるので、読書スペースに机やイス、ソファーなどを用意するのは落ち着く環境の工夫です。

生活習慣を身につける

▶ 保育者の思い｜自分でやってみようという意欲を持って、身じたくやかたづけにチャレンジしてほしい。　（2歳児、3歳児の実践）

ズボンをゆっくりはくスペースを作って自分でできるように

落ち着いて身じたくできるようにトイレのそばに長イスを置きました。「はけたよ」「ぬげたよ」などの言葉に、「自分でできたね」と応答して、励ましながら意欲が持てるようにします。

掲示物は「あわあわ手あらいのうた」花王株式会社 ビオレu ブランドサイトより

手洗いの手順をはって、手洗い、うがいを自発的にできるように工夫

流しには手の洗い方を表示しました。踏み台を置いて洗いやすく、表示も見やすくしています。発達段階、季節、時期などに合わせて表示の内容は適宜変更しています。

秋田先生アドバイス

衣服や靴の着脱、ボタンをはめる・外す、手を洗うなどの生活習慣は、自分でチャレンジできる環境をつくると、園で多くなりがちな、「（うまくできないから）してはだめ」の制止の言葉を減らすことができますね。言葉で説明しなくてもふと目に入ってできるので、やり方を掲示するのはいいですね。動線にも配慮して、ストレスなくできる環境をつくりましょう。うまくできた体験を増やせるよう、意欲を持って取り組めるように工夫しましょう。

ものをていねいに扱う

▶ 保育者の思い　整理・整とんをし、ものを慈しんでかかわる意欲を育てたい。
（2歳児、3歳児の実践）

人形に名前をつけて慈しむ

6体ある人形は保育者が名前をつけて、置き場所を決め、大事にそれぞれのベッドに寝かせています。赤ちゃんの人形をあやしたり、おんぶひもでおぶったり、いっしょに寝たりと、身近な存在として優しくかかわれるようになりました。

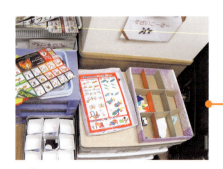

子どもの手が届く棚を使う

カラーボックスを横にして、子どもたちがかたづけやすいようにしました。

ふだんからきちんと整理・整とんしておく

ひもやチェーンなどは素材別に小分けして、欲しいものを選んで出せるようにしました。

秋田先生アドバイス

整理・整とんは、遊びたい、やってみたいという意欲を高める環境づくりの基本です。きちんとかたづけると遊ぶときに楽なことがわかってくると、かたづけを主体的にするようになります。ものの置き場所を決めて、共有物を大事に扱うことを伝える環境づくりをします。「きれいになったね」「気持ちがいいね」と声をかけ、自分でやりたい気持ちを尊重しながら、見本を示して方向づけます。

くらし

ルールを守って心地良く過ごす

▶ 保育者の思い｜スケジュールに興味を持って、少しずつ時間の見通しを、たてられるようになってほしい。（3歳児の実践）

Ⅱ 2〜4歳

ミニスケジュール帳でスケジュールに関心を持てるようにする

保育園での生活の流れを理解やすいように、視覚的に理解できるミニスケジュール帳を作りました。1番・トイレに行きます、2番・手を洗いますというようにイラストとともに表記。ひとりひとりに合わせて対応します。

おかたづけの時間ね！

せんせい、シールのところになったよ

時計の数字にシールをはっておく

「2になったらおかたづけ」が伝わらず、ベルを鳴らして時計に注視するようにしていましたが、あまり定着しませんでした。人気のキャラクターを時計盤にはってみると、子どもたちがみずから時刻を知らせてくれるようになりました。

秋田先生アドバイス
生活のリズムをつけるのは情緒の安定や活発な活動の土台となります。きまりを守ってしようとする気持ちも現れるので、適切に援助できる環境をつくりましょう。
さまざまな生活習慣は、やってみようという意欲を持てるようにすることが大事。成長に合わせて、視覚をじょうずに利用するのはいいですね。うまく手助けをしながら「できたね！」など声をかけて、自信を持てるようにしていきましょう。

ルールを守って心地良く過ごす…続き

> ▶ **保育者の思い**　良いことと悪いことがわかること、順番を守ること、かたづけをすることなど気持ち良く生活するために必要なルールの意味を理解し身につけてほしい。　　　　　　　　　　（3歳児の実践）

待つ位置にシールをはって、順番を意識できるようにする

手洗い場の混乱を解消するために、並び始めの位置に足跡のマークをはり、水道の数の分だけビニールテープで列を付けるときちんと並んで順番を守れるようになりました。

保育者と振り返って話ができるように

友達をかんだりたたいたりといったトラブルも…。「こまったことがあったらはなしてみよう」「こんなときどうする」の掲示で振り返れるようになりました。

> **秋田先生アドバイス**　発達に個人差も出てきて、言いたいことをうまく表現できずに手が出てしまう子もいると思います。言葉の遅い子どもは、「こういう気持ちなんだよね。だったらこう言うといいよ」などと教え、その言葉を使って伝える体験ができるといいですね。生活習慣の獲得も保育者との信頼関係があってこそ。「こんなときどうする？」とみんなで考える機会は、自分たちが大切にされていることを実感できる働きかけになったと思います。

くらし

楽しく食べる

▶ 保育者の思い　｜　楽しんで食事やおやつをとってほしい。

（3歳児の実践）

Ⅱ 2〜4歳

みんなで
いっしょに食べると
楽しいね

ひと口おにぎりをお皿に盛って

この日の給食はひと口おにぎりにして、テラスに出て食べることにしました。食べ物の形状や食べる場所を変えるだけで、食べることが楽しいと思うきっかけとなります。

季節に合った飾り付けで雰囲気を演出

ふだんから楽しく食事をするために散歩で摘んできた花や葉をテーブルに飾っています。この日はハロウィンだったので、カボチャの飾りを食卓に飾りました。

秋田先生アドバイス

食べる量に個人差があり、偏食やむら食いも見られるときです。楽しい雰囲気の中で食事をとれるように配慮することが大事です。ビュッフェ方式などを取り入れたり、たまには気分を変えて戸外で食事をしたりするのはいいですね。おにぎりの具材や、保護者とおにぎりについて対話をすることは食育にもつながります。作ってくれた方への感謝を忘れずに、「いただきます」「ごちそうさま」を笑顔で。みんなで食べるのは楽しくておいしいという感覚が育つように、給食やおやつの時間を大事に過ごしましょう。

季節の行事を楽しむ

▶ 保育者の思い　｜　季節の行事を楽しんでほしい。

（3歳児の実践）

気づきときっかけ

季節の行事がなかなかできない家庭が増えているみたい…

季節に合った飾り付けで雰囲気を演出

保育室や廊下などに、季節の行事に合わせて飾り付けをしています。集合住宅に住んでいて、こいのぼりのような大きな飾り付けを家ではできない、という声もよく聞くので、園で十分に季節の行事を味わえるようにしています。

秋田先生アドバイス

行事は、導入部分から手作りの体験で楽しむ姿勢を持てるといいですね。季節感を保育室にプラスする意識をふだんから持つことが、新しい気づきとなりました。季節の行事に園児も参加する環境づくりとして、素材を使った製作で参加してより印象深い1日を過ごしましょう。保育者が主導するのではなく、子どもたち目線でいっしょに取り組める環境をつくりたいですね。

くらし

見える化掲示で子どもの意欲を引き出す

▶ 保育者の思い　整理・整とんの習慣を身につけ、気持ち良い環境で生活する大切さを知ってほしい。（2歳児、3歳児の実践）

II 2〜4歳

気づきときっかけ

保育者がやり方をはり出しておくことで、自主的に行動できるようになる

● 洋服の畳み方をはり出して、手順を示しておく

午睡の前、パジャマに着替えたとき、洋服の畳み方がわからないという声があり、午睡のふとんを敷いたところからよく見える壁に洋服の畳み方を写真に撮ってはりました。じっと見ながらまねをしてくれるようになりました。

ハサミの持ち方の見える化掲示

1回切りはだんだんできるようになってくるので、ハサミの持ち方を写真にとって目につくところにはりました。製作での道具の扱いは、作りたいからハサミを使ううちに、使い方がじょうずになるというサイクルが生まれるようにしています。

秋田先生アドバイス　整理・整とんの習慣は、自分でしようとする気持ちを大切にして、必要に応じて援助していくのが基本。要求や制止によって教えるのではなく、保育者自身も楽になるように環境を工夫することも大事です。自分から進んでできる環境づくりのために整とんしたくなる工夫をして、取り組めたら褒めて自信を育てていきましょう。「お友達にも教えてあげて」と、クラスの中に伝播の輪をつくりましょう。

Ⅲ 4～6歳 遊びの環境づくり

虫探しや虫取りを体験する

▶ **保育者の思い** ｜ 虫探しや虫取りを体験して、生き物への関心を高めてほしい。
（4歳児の実践）

「優しく取れたらいいね」

「どうすればいいかな」

虫を取るときは優しく

優しく取ることを約束してテントウムシの採集を始めました。小さい器を持って、捕まえた虫を入れようとするものの、最初はなかなかうまくいきませんでした。触るとポロンと落ちることを発見したので、それをハケで取ることにするとうまくできました。

「ここにはダンゴムシがいた！」

園庭のいろいろな場所で虫を探す

虫カゴを持って園庭のそこここで虫探し。虫を探すのが得意な子どもとそうでない子どもがペアになって探すことにしました。「ここならいるはずだよ」とじょうずに誘ってくれています。

秋田先生アドバイス　身近な生き物に親しみ、関心や愛情を持つ経験は、時代とともに家庭の中では難しくなっているようです。生き物とふれあえる環境が園内にあれば積極的に生かしたいですね。虫が苦手な子どももペアのパートナーのおかげでよい経験ができています。

遊び・春

自然を素材にして遊ぶ

▶ **保育者の思い** | 草花遊びで植物とふれあい、特性を生かした遊びを楽しんでほしい。
（4歳児の実践）

気づきときっかけ

園内の赤い花に興味を示していた。
もっと草花とふれあってほしくて、自由に摘み取れる、子どもたちが通れる道を作った。
草花の好きな保育者が有志で「ガーデニングプロジェクト」を発足！

Ⅲ 4〜6歳

「スイカのいろみたい」

「はっぱとちがういろだ」

「どんな色になるかな？」

草花探検に出かけ、色水が取れる花を摘む

「今日は色水を作るよ。どうやったらできるかな？」「しょくべにでつくる」「えのぐでつくる」と子どもたち。「今日はオシロイバナを使います」と言うと子どもたちはびっくり。「やりたい!!」という会話から、色水作りをスタートしました。容器はプリンカップとポリ袋の両方を用意しました。

採取した花や葉で絵を描く

色水では薄いので、直接花びらと葉を紙の上でこすって絵を描いてみることにしました。実際の花びら、葉との色の違いを感じ取りました。

秋田先生アドバイス
観察や鑑賞から一歩進んで、自然を素材にして遊んでみると、植物の特性がよく理解でき、好奇心が広がります。色水遊びの下準備として、「ガーデニングプロジェクト」は春の花壇にオシロイバナを増やすことから始めたとか。保育者の感性は丸ごと子どもたちに届くので、保育者自身が好きなこと、すてきと感じることを、遊びをとおして伝えていく環境づくりをするのはいいですね。

自然への関心を高める

▶ 保育者の思い　植物や昆虫、天気など自然への関心を持ってほしい。
（4歳児・5歳児の実践）

気づきときっかけ

なに？　なぜ？　と疑問を持つことが多くなってきた

目にしやすい場所に写真や説明を掲示（4歳児）

園庭で虫探しをした際に発見して興味を持ったテントウムシの生態がわかる写真を、ゆっくりできるスペースの壁面に掲示しました。発見したことを伝え合ったり、見聞きしたことを教えたりする姿が見られました。

遊び・春

ひとりずつカードを作って（4歳児）

散歩に行ったときに見つけられそうな草花の写真をノートにはり、ひとりずつに配りました。散歩中に見つけたらシールをはるようにして、楽しみながら自然にふれあえるようにしました。

園庭のキウイの木の写真。高いところにあるので、気がつかない子どももいるため、写真を撮り、掲示。園庭に行ったときに、確認し、さらに花から実となる次の変化を期待できるように工夫しています。

クイズ形式で写真を掲示（4歳児）

「なんのはなかな？　ひんと①えんてい」などと保育室の壁にはって問いかけ。答えは別の場所に掲示した「春の園庭の草花」の写真を見るとわかるようにしました。

へびいちごってどうしてへびいちごっていうのかな？

わからないことは調べてみる姿勢を示す（5歳児）

「なぜへびいちごっていうの？」の子どもからの質問に応えて保育者が調べたことを書いて展示。集まってきて見た子どもたちからまた新たな疑問が飛び出しました。わからないままにしないで調べる姿勢を示し、知りたいと思える環境をつくりたいと思いました。

へびみたいだから？

へびがたべるからかな？

秋田先生アドバイス　自然の特性を知ったり、自然とのかかわり方や遊び方を習得したりしたいこの時期。友達とかかわって遊んだり、会話をしたりしながらだと楽しく興味・関心をつなぐことができますね。見たことを話したり、疑問に思ったことを尋ねたりする機会を持ちましょう。

Ⅲ　4〜6歳

自然への関心を高める…続き

> ▶ 保育者の思い　生き物を飼い育てる体験をし、命の尊さを感じてほしい。
> （4歳児の実践）

気づきときっかけ

生長段階の違う3つのアゲハチョウのサナギを園庭で発見

● 虫カゴスペースをつくり飼育観察をしやすく

3つのサナギの判別がつくように、サクラちゃん、トーマスくんなど名前をつけ、虫カゴスペースを作って観察を続けることにしました。

落ち着いて観察ができるよう、窓側に設置した机に虫カゴを置くと、子どもたちがじっくり観察するようになりました。

「サクラちゃんはいまこんなかんじだね」

「サクラちゃんさようなら」

図鑑や写真の掲示で、世話のしかたや生長を学ぶ

サクラちゃんを飼うようになって、チョウチョウの生育に関心を持つようになった子どもたち。図鑑を用意したり、写真を展示したりして興味が継続するようにしました。虫が嫌いだった子も触れるようになるなど、生き物に対する愛着が育ちました。

アゲハチョウの旅立ちに立ち合う

2週間後、3つのサナギのうち1つが羽化に成功。羽を乾かす一部始終を触らずに見守って、飛び立つ瞬間をみんなで見送ることができました。チョウを「飼いたい」という子がいましたが、「エサになるお花の蜜を用意してあげられないよね」と話し合いの結果、逃がしてあげることにしました。「サクラちゃん、いま、みつをすっているかなあ」と気にかける子どもも。優しい心が育ちました。

> **秋田先生アドバイス**　今は小学校以上では昆虫の飼育体験がなかなか保障されていないのが現状です。命あるものときちんと向き合う経験は、小さい子なら絵本を見たり語り合ったり、大きい子なら採集や飼育をしたりと、園では年齢ごとにつながりを持って体験することができますね。

遊び・春

なり切って遊ぶ

▶ **保育者の思い** | 話を聴くときに落ち着いて、集中して聴けるようになってほしい。（4歳児の実践）

気づきときっかけ

忍者遊びをしているときは、音をたてないように注意したり、集中したりしていることに気がついた

かぜになれ〜

Ⅲ　4〜6歳

音や言葉に反応して動く

手裏剣、分身の術などの言葉から体で反応することを楽しみます。よく指示を聴かなければ反応できないので、しぜんに集中して話を聴くことができるようになりました。さらに、子どもたちから中が見えないようにした箱の中で、ホッチキスのカチャカチャ、テープカッターでテープを切る音、ハサミのチョッキンなどの音を出して、何の音か当てる音当てゲームも、静かに注意深く聴く練習になりました。

小道具を使ってなり切る

「かぜになれ〜」や「ぬきあしさしあししのびあし」など、静かに動く練習をするときは、マントを持ったり、腰ひもを垂らしたりして、より忍者らしくなるように工夫しました。さらに注意深く、静かに動くことができるようになりました。

秋田先生アドバイス　注意深くていねいな動作ができれば気になっている遊びの幼さを解決できるかもしれないという着眼から、なんと忍者になり切ることを思いついたという保育者の発想に子どもたちへの愛情を感じます。結果的に、音やリズムを感じ取って体を動かしたり、言葉に応じてそっと動くなど、楽しみながら体づくりや感性を育てる遊びにもつながりました。

植物を育てる

▶ 保育者の思い｜植え付け、水やりなどを自分の手で行ない、植物の生育の喜びを感じてほしい。
（5歳児の実践）

やり方を教わってトマトを植え付け

地域の方に植え付けのしかたを教わって、適期にトマトの苗を、ひとり、ひと株植え付けました。「みずはどのぐらいやるんですか？」など質問も出ました。

みんなでジョウロで水やり

愛着を持ってもらうために、毎日水やりの時間を設けました。みずから進んで水やりができるようにジョウロはたくさん用意しました。

遊び・夏

だれかが かじった あとがあるよ！

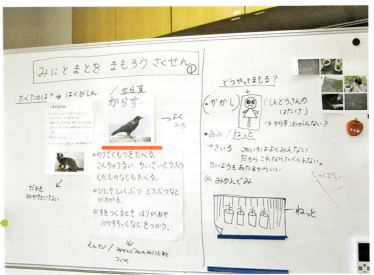

生育途中のトラブルには みんなで対策をたてる

ある日トマトが何かにかじられた跡を発見。「カラスじゃない？」など原因をみんなで考え、おうちでもきいてくることとしました。保護者からハクビシンの被害が周辺の畑で出ているとの情報が寄せられ、どうすればいいかを話し合い、ネットを掛けることにしました。

Ⅲ 4〜6歳

もう たべられるかな？

台風接近。鉢を室内に取り込む

「明日、台風上陸」のニュースが。みんなで移動場所を考え、園舎に取り込むことにしました。重い鉢も助け合って運ぶことができました。

収穫適期にトマトを収穫

だんだん色づいてくるトマトを見ながら、熟したときに収穫します。「へたの近くまで赤くなったら食べごろ」とおじさんに教えてもらったことを思い出しながら収穫しました。

秋田先生アドバイス　植物を育てていると、生育の驚きがいっぱい。喜びを伝え合い、満足感を持ってお世話を続けられるように言葉をかけましょう。絵に描いたり、写真に撮ったりして、「ここまで育ったね」ということを「見える化」するのもよいのではないでしょうか。共感し合える環境が、育てる喜びをより楽しいものにしてくれます。継続してひとつの活動を進めようとするとき、実りの感動が大きい「野菜作り」はおすすめです。

調理を体験する

▶ **保育者の思い** 自分たちで育てたトマトで何を作るかを考え、みんなで協力して材料の買い物から調理までを体験してほしい。

（5歳児の実践）

みんながおいしく食べられるレシピを考える

トマトが食べられない子もおいしく食べられるようにするにはどうしたらいいかを話し合いました。保護者にも聞いてきて、家庭も巻き込んでいった結果、パスタ・ピザなら食べられるなどと、みんなでメニューを考えて料理を作ることにしました。メニューはトマトパスタとトマトピザに決定。手順や担当などを話し合って決めました。

パスタとピザを作る

切る人、ソースを作る人、焼く人など分担を決めていたので手際よく進みます。自分たちで決めたことなので主体的にやることができ、友達の作業もしっかり見守ることができました。

秋田先生アドバイス 全員がトマトを食べられるようにするという子どもたちの共通認識が、クラスのまとまりを生みました。自分の意見を言ってもよい環境、自分の意見を受け止めてもらえる環境が主体性を育てます。悩んだとき、困ったときにはみんなで考え、保育者の援助があるということが大事ですね。保護者からは「思いがかなって保育園は楽しいですね」という感想があったとか。やってよかったと三者が思える環境づくりにしたいものです。

遊び・夏

描いて、作って、遊んで…を友達と楽しむ

▶保育者の思い｜興味がわく造形・製作の楽しさから、次の遊びにつなげていける力をつけてほしい。（4歳児の実践）

気づきときっかけ

絵を描くのが苦手な子どもも、好きな遊びに使うとわかったら、取り組みやすくなるみたい

Ⅲ 4〜6歳

魚つり遊びに使う魚を製作

絵を描くことがあまり得意でない子どもにももっと描画を楽しんでもらいたい、そんな思いで、いつもと目先が変わるように長い紙といつもと違うフェルトペンを用意しました。魚の絵をみんなで色彩豊かに描き始めました。そのあと、描いた絵を使って、魚つり遊び。自分で描いた魚を使ったので、とても盛り上がりました。

にじんできたよ！

雨で描く不思議をみんなで体験

いつもは水でぬらした筆を使っていたにじみ絵遊びを、雨でもできるのではないかと思い、梅雨入りの雨の日に試してみました。コーヒーフィルターに水性フェルトペンで描いたシャボン玉（丸を描くのは絵を描くのが苦手な子どもも抵抗がないため）が雨にぬれて変化する遊びをしました。ある子がにじを描くと、みんなが大好きな『にじ』の歌の大合唱が始まり、うたいながらの遊びとなりました。ベランダに出てにじみ絵を楽しんだ雨の日です。

秋田先生アドバイス
感じたことをさまざまな方法で自由に表現する環境を多様につくっていますね。苦手なことも友達といっしょならでき、好きになることもこの時期は多いもの。よい影響を与え合えるような環境となっています。自由に描くことが難しい子どもがいて長い紙を用意したということですが、その前に、線だけや、丸だけ、また丸く切った紙にシャボン玉を描くというような試みもされたそうです。自分の創意工夫で子どもが伸びる姿を見るのは、保育者の喜びや誇りになりますね。

絵本からの広がり

▶ 保育者の思い　｜　絵本を題材にして、思いやりの心を育てたい。
（5歳児の実践）

気づきときっかけ

子どもたちのイメージする力を遊びにつなげて、もっと伸ばしたい

カミイを描いたのね

読み聞かせのあとイメージしたことを絵に描く

『ロボット・カミイ』（古田足日／作・堀内誠一／絵）を読むことにしました。その後、読み聞かせを重ねて、子どもたちがイメージしたことを描いて、掲示するなどするうちに、「劇をやりたい！」と思わぬ展開に。

げきをやろうよ

うん、つくろう

カミイの劇をすることに。人形作りからスタート

小道具を製作するために段ボールなどを用意し、アイディアを形にできるよう作るスペースを確保しました。クラフトテープの留め方、引っ張り方なども工夫し、協力し合って少しずつ進めています。

遊び・夏

役割分担をして、発表の準備、練習をする

障がいを持っている友達も「ダンプカーの役ならバギーに乗ってできるね」と、みんなで行なう楽しさを大事にする子どもたち。準備の進行に合わせて、役割ごとのスペース配置を適宜変えて環境を整えました。

3歳児・4歳児クラスの子どもたちの前で発表

年下のクラスを招待しての発表会。手をつなぎ合って歌うフィナーレで大きな拍手が起きました。小道具を高々と上げて歌う姿は、ひとつのことをやり遂げた満足感にあふれていました。

秋田先生アドバイス

表現する体験を日ごろから行なうことで想像力がはぐくまれます。4歳児クラスのときに5歳児が見せてくれた劇が心に残って、カミイとの出会いからインスパイア（喚起）されたようです。子どもから子どもへとつながる環境を用意できるのはすてきなことですね。子どもは失敗から学ぶ知恵を持っています。先回りしないでアイディアを出し合える環境、アイディアを形にできる環境をサポートして見守りましょう。意欲が最後まで続くように、「今日はこれだけできたね」と達成感を細かく感じられることばがけも大事です。

Ⅲ 4〜6歳

戸外で自然とふれあう

▶ 保育者の思い｜季節探しの散歩に出かけ、いろいろな発見や気づきを友達と伝え合ってほしい。
（4歳児の実践）

春

秋

植物の変化を感じる

春の自然探検で見たニラの花が種を付けていました。カメラで撮影していたので前の写真と比べてすぐに気づいた子どもたち。今回見つけた、ニラの種もカメラに収めました。

くっついた！

ムカゴは食べられるんだよ

植物のおもしろい性質を体験

アメリカセンダングサは、くっつく実を付けていました。「なんでくっつくの？」が、以来テーマのひとつに。種は、動物や鳥が運んでくれたり、自分で飛んだり、転がったり、重みで落ちたりして次の芽が出ることを知り、次ページの「種のカリキュラム」の発端となりました。

近隣の方との交流

春に出会った農家の方と再会。「これはなんですか？」と尋ねると、「ムカゴだよ。天ぷらや炊き込みご飯にするとおいしいから持っていきな」と分けてくださいました。子どもたちは食べ方を教わりました。

秋田先生アドバイス　戸外は自然のおもしろさや不思議さ、美しさに気づくチャンスにあふれています。春と秋に同じコースに出かけたことで、身をもって植物の生長や変化を体験できました。身近な人に話しかけ、人の話を聴く姿勢は大人が教えるべき大切な行為です。わからないことは尋ねる、教えていただいたら感謝を述べるなどよきモデルとなりましょう。

遊び・秋

自然への関心を深める

▶保育者の思い｜季節探しの散歩で見つけた種や木の実への興味を広げ、知る喜びを感じてほしい。
（4歳児の実践）

気づきときっかけ

前ページの「戸外で自然とふれあう」のアメリカセンダングサ（ひっつきむし）が、通りかかった動物にくっついて運ばれることにとても興味を持った

カキはどうして秋になるとオレンジ色になるのかな？

Ⅲ 4～6歳

「種のカリキュラム」で「どうして？」を解決

保護者からも種にまつわる情報が寄せられ、「種のカリキュラム」を始めることに。テーマは寄せられた情報の中から「カキの実の色の変化」に決定。カキの種を見せて「これはなんでしょう？」「どうしてカキは秋になるとオレンジ色になるのかな？」⇒「葉っぱも変わるから？」「太陽もオレンジだから」など。「オレンジだとどんな感じ？」⇒「あまそう」「みずみずしいかんじ」⇒「とりがつついてたべているのをみたことある」「おいしいからかな？」……だんだんと真相に迫る話し合いを続けます。果実は甘くなり色づくのは動物に食べてもらうため。動物は、種をあちこちに運ぶ代わりにエサとして果実をいただくという自然の摂理を知るまでグループやみんなで話し合いを続けました。

秋田先生アドバイス　ひっつきむしの不思議から大自然の営みにまで切り込む深い体験ができましたね。身の回りの出来事に対して関心を持ち、体験を話したり、疑問を尋ねる経験は学習の姿勢の基本です。子どもは保育者の言うことを理解しようとするので、答えを急ぐのではなく、子どもの解決方法や結論を尊重する環境づくりをしたいものです。

自然体験を土台に数・量・形へ

▶ 保育者の思い　｜　イモ掘りを通して、食べ物に関心を持ってほしい。
（5歳児の実践）

うんとこしょ どっこいしょ

かけごえにあわせて ひっぱってみよう

農家さんでのイモ掘り体験を踏まえて、比べながら楽しむことができました。

園庭でもイモ掘り

　農家さんでのイモ掘りを毎年経験してきた5歳児は、園庭でもイモ掘りに挑戦。農家さんの畑ではなかったツルに子どもたちは苦戦しながらも（農家さんの畑では、子どもたちがやりやすいようにツルをあらかじめ切っておいてくれています）、抜けにくいときは周りを掘ったり、何人かで力を合わせて抜いたりする姿も見られました。「ふかいところにあるね」「ひげがはえているね」「なんでつながっているのかな？」など、発見や疑問の声も飛び出します。「どうしてだと思う？」と問いかけながら、楽しみました。

▶ 秋田先生アドバイス　イモ掘りは園でよく行なわれる自然体験です。5歳児の自然体験は、イモの生態や自分たちの生活との関係性に気づくきっかけになるように経験を広げられたらいいですね。

遊び・秋

▶ 保育者の思い｜仕分け作業を手伝うことで、数・量・形に関心を持ち、食べ物を作ってくれる人や周りの人に感謝の気持ちを持ってもらいたい。
（5歳児の実践）

大きさはどうやったら比べられるかな。

なぞってみよう

イモを大・中・小に分ける

　園の子どもたちが掘ったイモをおうちに持って帰るための仕分け作業をお手伝いすることに。「大・中・小ってどうやって分ければいいの？」をいっしょに考え、保育者は定規、はかり、鉛筆、紙を用意。この道具で大きさを比べるにはどうしたらいいか話し合い、大きさ、重さ、長さなどを測ることにしました。

Ⅲ 4〜6歳

長さ・重さが感覚でわかるように

　20センチと30センチはどっちが大きいか、600グラムと800グラムはどっちが大きいか、紙にえんぴつでイモを型どり、どっちが大きいかを比べました。イモをリヤカーで運ぶ子、計測する子、仕分ける子、それぞれ分担する姿がありました。イモは重たくて運ぶだけでも大変なことを知り、農家のおじさんに感謝を述べることができました。

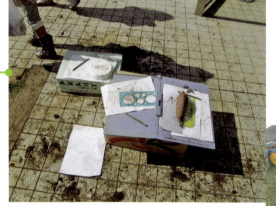

秋田先生アドバイス｜数量を計って大・中・小に仕分けた経験が、このあとの絵画・製作や遊び、年下の子どもを招待してのお店屋さんごっこの展開につながっていきました。ほかに何かできないか、発想やイメージを広げるにも、体験が土台になります。

サツマイモの性質を生かして遊ぶ

▶ **保育者の思い** ｜ サツマイモの性質を生かしていろいろな遊びを楽しんでみてほしい。
（5歳児の実践）

気づきときっかけ

保育者と子どものひとりがサツマイモのツルで綱引きを始めるとほかの子どももしだいに加わってきた。ほかにも…

サツマイモのツルで綱引きを始めた子どもたち。その後、本物の綱で綱引きをやることになり、子どもvs子ども、子どもvs保育者と広がりました。

ツルのなわとび、とびやすいよー

なわとび、ままごとなど自由な発想で

カリキュラムとして「おイモで遊ぼう」をすることに。食べられないツルや小さなサツマイモを自由遊び用に置いておくと、「つなぐとなわとびになるよ」「ツルにぼうしをとおしてみよう」「せんたくものほしのロープに！」「ちいさいおイモでおままごとをしてもいい？」と、次々アイディアが出ました。ままごとは、イモを刻んだり、皮をむいたり、つぶしたり、限られた道具で工夫して遊んでいます。

> **秋田先生アドバイス**
> 園庭でのイモ掘りからたまたま始まったイモのツルでの綱引きなど、イモを遊びの素材として用いるカリキュラムのきっかけになったようですね。子どもたちの発想の柔軟さを引き出せるように、あまり保育者が主導権を握らないでいっしょに考える姿勢で。子ども同士が同じ感性で遊び合えるように援助しましょう。

遊び・秋

サツマイモを触って特徴を確かめて描く

▶ **保育者の思い** | 掘ったサツマイモをよく見て写実的に描くことに挑戦してほしい。
（5歳児の実践）

「ごつごつしてる…」

「おイモのいろってどうすればできるかな？」

Ⅲ 4〜6歳

サツマイモをよく見て描く

　グループに分かれ、実際にサツマイモに触れ、大きさや質感、傷を確かめてから描き始めます。まずフェルトペンでイモの輪郭を描き、絵の具で塗る描き方にしました。絵の具はあえて8色で。「このむらさきはどうやってつくるの？」「きずのところ、どろがついていないところはいろがちがうね」とヒントを友達同士で出し合いながら楽しく描くことができました。

秋田先生アドバイス 絵の具の色数を絞ったことで、特徴に合わせて色を混ぜながら色の線で表現したり、別の色を塗り重ねたりと、多様な描き方ができました。サツマイモは紫という固定したイメージから逸脱して本物に近づいていく過程は、シンプルな素材だからより楽しめたのではないかと思います。形と色彩の特徴をとらえて集中して描ける環境をつくりましょう。

みんなで楽しむ

▶ **保育者の思い** 焼きイモを人にふるまったりして、みんなでイモを味わって楽しんでほしい。
（5歳児の実践）

気づきときっかけ

ふだんからお店屋さんごっこが大好きな子どもたち。掘ったイモで、本物の焼きイモ屋さんができそう

焼きイモを作り、「焼きイモ屋さん」を開く

みんなで話し合って「焼きイモ屋さん」を開くことに。さらに非常時の炊き出しの練習も兼ねて豚汁も出すことにしました。

アルミホイルに包んでイモを焼き、引換券を作って配布して、焼きイモ屋さんを開店！焼きイモを並べる人、引換券を受け取る人、焼きイモを渡す人など役割分担しながらしっかり、お店ができました。「あついからきをつけてね」など、小さい子をいたわる言葉も聞こえました。焼きイモだけでなく、本当のお店屋さんを楽しみました。

喜んでもらえるうれしさから、園の子どもたちだけでなく、お迎えに来た保護者にも提供し始め、夕方は玄関先に場所を移して遅いお迎えの保護者にも提供を続けました。

秋田先生アドバイス 5歳児は人の役にたつことが楽しく、「これをしたらだれだれが喜んでくれる」など、目的意識を持ってお手伝いに参加するようになります。同じ目的に向かってまとまって行動する体験を増やしましょう。自信に満ちた子どもの姿、力を合わせてがんばっている姿を褒め、ひとりひとりが大切な存在であることを認められる環境をつくりましょう。

遊び・秋

▶ 保育者の思い｜年下の子どもへの思いやりの気持ちをさらに伸ばしてほしい。
（5歳児の実践）

気づきときっかけ

「焼きイモ屋さん」のとき、いなかった子がいたので、サツマイモで何か作ってあげたいと子どもたちから意見が出た

「パティシエになれるね」

働く人のDVDを見た後だったので、「パティシエになれるね」などの言葉が聞かれました。

Ⅲ 4〜6歳

役割分担をして、パンケーキを作る

　ふだんの交流などで、年下の子どもたちへの思いやりがしっかりと育っていました。焼きイモ屋さんに参加できなかった4歳児の子のために、何かしたいという声を聴いて、早速実行に移すことに。みんなで相談して、提供するメニューはパンケーキに決定。「今度は○○ちゃんが渡す人になる」など、これまでの経験から役割分担もスムーズにいきました。最後まで根気よくおイモをつぶしてくれた友達にいつもとは違う一面を見て、みんなの力が必要なことを経験できました。4歳児に喜んでもらうことができ、満足げな顔が印象的でした。保育者は工程ごとの作業動線に合わせて安全に調理ができるように机などの配置を考えました。

秋田先生アドバイス　自由に意見が言える雰囲気、言ったことを実現できる環境によって経験を重ねていくことができます。5〜6歳になると集団の中で自己主張したり、人の立場を考えながら行動するようになります。子どもに考えさせることで時には失敗も起きますが、それが子どもの新たな一面を発見するチャンスにもなるはずです。

自然の素材を使って遊ぶ

▶ 保育者の思い　季節探しの散歩や「種のカリキュラム」で広がった種への関心をさらに広げ、遊びや食の体験につなげてほしい。（4歳児の実践）

エイッ！

テングノハナを飛ばして遊ぶ

テングノハナはヤマイモのツルにできる赤ちゃんイモのところにある葉。広げると天狗の鼻のような形になるのが名の由来だそうです。自然物や虫に関心が高い子どもが、その飛び方がおもしろいことに気づき、周りの子どもに広がり、いっしょに楽しんでいました。

秋田先生アドバイス　葉っぱのはり絵、木の実のコマなどの定番の遊び以外にも、自然そのものの素材を生かした遊びもやってみましょう。「遊び方を知りませんか？」と保護者に問いかけると交流のきっかけに。木の実は意外と固いこと、葉は柔らかく扱わないと壊れてしまうことなどは、実際手にしてわかること。子どもの考えを引き出しながら遊びにつなげましょう。

遊び・冬

運動に挑戦する気持ちを育てる

▶保育者の思い　運動に興味を持ってやってみることで、苦手意識を少しでも克服してもらいたい。（4歳児の実践）

気づきときっかけ

鉄棒に興味を示さないが、生き物への探求心が旺盛な子どもがいた。生き物と結び付けたら興味を持てそう

「ナマケモノ」できたよ！

Ⅲ 4〜6歳

「おさるさん」のわざは、できそうだ〜

動物の写真を見せ、鉄棒の技に動物の名前をつけてまねをする

好きな生き物を切り口にしてなり切ることでトライすることにしました。写真を見せて、「ナマケモノのマネをしてみよう」と声かけると、怖がらずにやってみることができました。「足掛けぶらさがり」は「ナマケモノ」、「両手ぶらさがり」は「おサルさん」と名づけると意欲的にやるように。ほかに「ツバメ」「コウモリ」など。鉄棒がちょっとしたブームになりました。

秋田先生アドバイス　運動が苦手な子どもにはちょっとしたコツと慣れが必要ですね。運動会ならリレーのバトンを持っただけでやりたくなったりするように、形から入ることも重要です。無理強いするのではなく、挑戦したいと思える、挑戦して楽しかったと思える環境づくりができましたね。

運動に挑戦する気持ちを育てる…続き

> ▶ **保育者の思い** 繰り返し練習して、できた手ごたえを感じながら運動に挑戦してほしい。（4歳児・5歳児の実践）

ステップアップしていけるよう順序立てて前回りに挑戦（4歳児）

スモールステップで段階を踏んでできるように、環境づくりとことばがけをしてみました。できるようになった子どもを見て、あとに続く友達も出てよかったです。

> カードにも生き物の写真を載せ、鉄棒に興味を持てるようにしています。

鉄棒カードでやる気をアップ（4歳児）

各自にカードを作り、できたらシールをはることで達成感と見通しができるようにしました。

挑戦する気持ちが目に見える「運動あそびのカード」（5歳児）

鉄棒やマットなどの項目を表示し、挑戦したらシールをはるカードを作成。とび箱なら1～4段と細かくステップアップできるようにしました。がんばったことが認められるカードなので、友達同士誘い合って、苦手な子どもも挑戦してくれました。

> **秋田先生アドバイス** 最初から「できない」と決めてしまう子どもの場合は、遊びとしてハードルを下げることが大事です。「さっきより強くけられたね」など、よくなったところを具体的に褒めて励ましましょう。体力に自信を持てると、いろいろなことへの意欲や能力が高まります。

Ⅲ 4〜6歳　くらしの環境づくり

落ち着いてじっくり遊ぶ経験をする

▶ **保育者の思い**　遊び方に個人差が出てきているので、保育者とかかわりながら、ひとり遊びが十分にできるようにしたい。　（4歳児の実践）

保育者がかたわらに、先を見通して素材を提供

テーブルの左側に素材をまとめて収納。保育者がそばについて見守ると、ハサミやのりの扱いが今ひとつ身についていない子どももじっくり取り組んで、じょうずに扱えるようになりました。素材コーナーは牛乳パックでしきり、子どものようすを見ながら、適量の種類が常に入っている状態にしています。

保育者がついてカード遊び

保育者がついて友達とカード遊び。保育者がつくことで、楽しかった経験を少しずつ積むことができ、落ち着いて遊べるようになりました。

● **外に向けて長テーブルを設置**

このコーナーは、思い思いにおしゃべりしながら作業したり、外を見ながらひと息ついたりと、のんびりできるスペースにもなっています。
また、じっくり見てほしい虫カゴを置いたりしています（P.84）。

秋田先生アドバイス
イメージしたように絵を描いたり物を作ったりするようになりますが、道具の扱いには個人差があり、保育者といっしょにいることを楽しむ必要もあります。部屋の隅や、壁や窓ぎわなど少し隔離された空間を落ち着いて作業するスペースにあてるのはいいですね。ひとりひとりの子どもの欲求を満たし、安定した気持ちでじっくり遊べるように、物と子どものかかわりを見守りましょう。

落ち着いてじっくり遊ぶ経験をする…続き

▶ **保育者の思い** ｜ プライベートスペースをじょうずに使って、落ち着いて遊ぶ時間を持てるようにしたい。（4歳児の実践）

段ボールと布でプライベート空間

友達とのかかわりを楽しむ環境づくりをしたいと思って作ったプライベート空間です。段ボールで箱状に区切ると隠れ家のようにはなりますが圧迫感があります。

これは壁を作るだけで開放感があり、長時間落ち着いて遊べ、とても喜んでいました。

収納棚でスペースを二分

2つある押し入れ前の空間を収納棚でしきってみると、広すぎず狭すぎないちょうどいい大きさの2つの空間となり、少人数での遊びが発展するようになりました。

秋田先生アドバイス 想像力が豊かになって友達との遊びも深まり活発になりますが、その分友達と自分を比較して競争心が芽生えたり、自信を持ったり落ち込んだり、感情が揺れ動くものです。ひとりひとりの子どもの欲求を十分に満たし、情緒の安定を図る環境づくりが必要です。みんなで遊ぶことだけを前提にするのではなく、気の合う友達と心を許し合える環境づくりも心がけたいですね。

落ち着いた生活環境をつくる

▶ 保育者の思い｜生活の流れをつかんで、少しずつ時間の見通しをたてられるようになってもらいたい。（5歳児の実践）

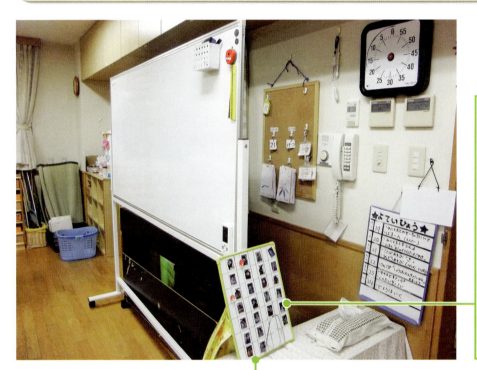

マグネットで当番を示す

借りた絵本を集めて返したり、出欠の人数を報告に行ったりする仕事を、日替わりの当番制にしています。当番は、子どもたちの顔写真をはったボードを朝の会の前に出して、マグネットで示しています。

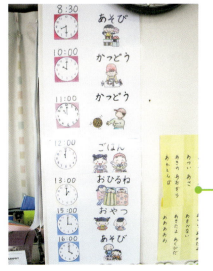

時計の図と絵で1日のスケジュールを把握

時刻の認識もできてきているので、1日の流れを時計の図とイラストで示しました。これを見て次の行動を取るというより、ふとしたときに見て、先が読めるようになったようです。「あとどれぐらいで○○のじかんだね」と話す姿も見受けられるようになりました。

前頁の続き

朝のしたくの流れを示す

言われなくてもできるようになる方法を考え、朝のしたくの流れを書いたボードを用意することに。子どもたちはこれを見ながらやることを確認。進んで忘れずにできるようになりました。

登園したら歯ブラシやコップを出します。

登園したら、それを示すシールを、自分のカレンダーにはるスペース。したくしやすいように、しっかり整とんしておきます。

● したくする場所に掲示

朝、園に来たらやることを書いて置いてあります。

秋田先生アドバイス　わかりやすい表示にすること、表示の場所は子どもの動線に配慮することを心がけましょう。子どもの生活のリズムが、大人主導で夜型になりがちです。朝きちんと目覚め、活動ができ、おなかがすいて、たくさん食べ、しっかり眠れるというのが健康の基本です。

くらし

自分たちで環境やルールをつくる

▶ 保育者の思い　過ごしやすい環境を、自主的に自分たちでつくっていってほしい。
（4歳児・5歳児の実践）

気づきときっかけ
保育者が書いた、「あけたらしめてね」の掲示がはがれてしまった

ドアの閉め方を子どもの文字で（5歳児）

勢いよくドアを開け閉めする子どもがいるのを見て、子どもたちが自主的に「そうっとしめてね」と新しく紙に書いてはりました。

Ⅲ　4〜6歳

「さすが年長さん。自分たちで整とんができるのね」

かたづけ方を子どもたちで（4歳児）

「そうっとしめてね」がきっかけで、おかたづけボックスの表記も子どもたちが新しく紙に書いてはり、自分たちが過ごしやすい環境づくりとなりました。そのほかにもさまざまな工夫がありました。

秋田先生アドバイス　友達との生活を快適にするためにどうしたいか考えて実行する意欲をくみ取りましょう。自分たちの働きかけで園が楽しくなる環境づくり体験を積み重ねていきたいですね。

言葉を増やす

▶ 保育者の思い　語彙を増やし、思ったことを言葉で表現してほしい。
（5歳児の実践）

気づきときっかけ

ひらがなの書き方を質問されることが多くなった

「ことばあつめ」と「あいうえお表」

あいうえお表を見やすい場所に移動。文字を書きたい気持ちに寄り添う環境をつくりました。また、「あ」から順番に、「あ」の付くことばという言葉集めをしてホワイトボードに書き出しました。いくつ言葉が出たかを、右の写真のようにあいうえお表に書き込んで、ゲームのようにして楽しみました。

あいうえお表に出た言葉の数を記入しています。

いくつ集まったかな？

言葉がいっぱい出たね

秋田先生アドバイス

字がわかって書けること、感情を表現する言葉が増えることで一段と表現や理解が深まります。最近は就学前にひらがなが書ける子どもも多くなっています。教えるより言葉への関心を高め、思ったことを表現できるように促す環境づくりを目ざしましょう。文字への関心が出てきたら、えんぴつの持ち方、右回りに手首を動かして線を書くことなど遊びながら練習してみましょう。

作品を大事にし、感性を育てる

▶ 保育者の思い　大切な作品を展示したり、植物を置いたりするコーナーを常設し、豊かな感性を育てたい。
（5歳児の実践）

棚のひとつを作品展示専用にキープ

素材の棚のひとつを作品展示専用にして、でき上がったもの、製作途中のものを飾りました。ここのものは取っていかないということが徹底でき、友達の作品も大事にしています。時々、園庭で育てている花や香りのよいハーブを置いて、五感で感じられる、またホッとできる環境にもなっています。

● 写真をはった積み木で、だれの作品か示す

子どもの写真をはった積み木を用意して、作った作品の横に置き、製作者を示します。この積み木は、発表会などで立ち位置を確認するときなどにも使えて便利です。

「ママがあめにあたりませんように」

お迎えの時間に雷が鳴り始め、「ママのためにてるてるぼうずをつくりたい」と言い始めた子どもたち。頭がひっくり返ると願いがかなわないかもしれないからと、ぶら下げるのではなく、はりつけることもみんなで考えていました。

 秋田先生アドバイス　作品が常設されているだけでなく、自分もいつでも展示に参加できる環境によって、でき上がった作品を大切に扱ったり、共感し合ったり、表現のイメージがわいたりと気持ちの変化が見られました。製作物に愛着を持ったり、友達の作品を見て刺激を受ける環境づくりによって、表現しようとする意欲がわきます。保護者に見てもらって褒めてもらいたいという気持ちも満たせる環境の工夫をしましょう。

IV 保護者　保護者へ伝える環境構成

保護者と共に子どもたちを育てていくために

▶ 保育者の思い　｜　園での子どものようすを伝え、保護者との会話のきっかけをつくりたい。

気づきときっかけ

園での子どもたちのようすが具体的にわかるとコミュニケーションのきっかけになりそう

今日の活動をホワイトボードで掲示

今日の活動をホワイトボードに物といっしょに掲示。今日読んだ本をそばに置いておくと、家庭で子どもとの会話のきっかけにしてくれました。

散歩で摘んだ花などを飾る

散歩で拾った小石や花を、テラスや靴箱など見えるところに飾っています。活動記録にはって掲示することもあります。保護者と保育者だけでなく、家庭での子どもとの会話につながっています。

保護者へ伝える環境構成

今日読んだ絵本を紹介

「今日読んだ絵本」のプレートを付けて絵本を紹介。動物や親子の絵本、単純な言葉の繰り返しの絵本など、年齢に合った絵本を紹介することで、家庭での読み聞かせの参考にしてもらうことができました。

Ⅳ 保護者

感動体験をタイムリーに伝える

台風一過で見られた二重のにじを撮影。タイムリーにはり出すことで保護者と子ども、保護者と子どもと保育者がつながり合って、会話がスムーズにでき、感動が広がりました。

保護者とともに子どもたちを育てていくために…続き

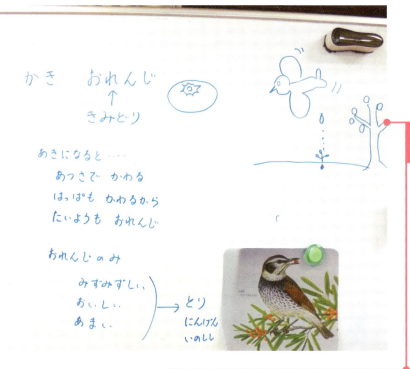

ホワイトボードの記録を残しておく

みんなでの話し合いなど、園での活動でホワイトボードや黒板を使ったときは、その記録を消さずに残しておきます。迎えに来た保護者が園で子どもたちがどんな活動をしているのかがわかりますし、子どもとの会話のきっかけになって、喜んでくださっています。

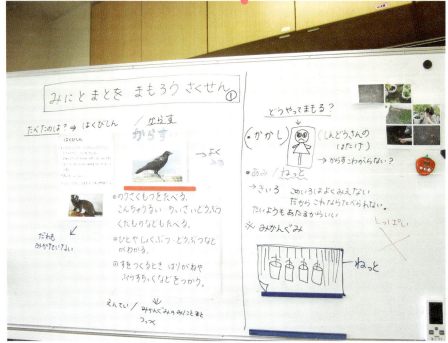

秋田先生アドバイス　保護者とつながって共に子どもを育てる環境はとても大事です。園であったことに加え、それによってできた経験、変化や成長を知ってもらうことで、成長の見通しを持っていただく働きかけは子どもを長い目でみることにつながります。本の紹介がきっかけで保護者と子どものコミュニケーション、保育者と保護者のコミュニケーションが取れましたね。

保護者へ伝える環境構成

▶ 保育者の思い　保護者に子どもたちのいろいろな表情を見てもらいたい。

気づきときっかけ

写真なら、その場にいなくても子どもたちの生き生きとした顔を保護者に見せられる！

遊んでいる姿を撮った写真を掲示

3歳になり生活記録ノートがなくなったので、「すべり台が好きです」などコメントを付けて、ひとりひとりが遊んでいるところを写真に撮って掲示しました。子ども、保護者、保育者で会話ができるように、はる位置は少し低めに設定しました。

作品もいっしょに掲示

イモ掘りのようすも写真で掲示。さらに、掘ったイモを使ってサツマイモスタンプを作ったときは、できたスタンプもいっしょに掲示しました。活動のねらいやどんなふうに作ったのか、わかる説明書きも入れています。

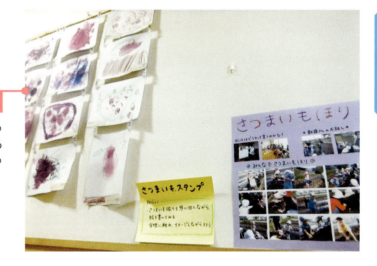

Ⅳ 保護者

秋田先生アドバイス

保護者は、日中の子どもの姿や、保育者がどんな気持ちで子どもに接しているかということを知りたいものです。それらを伝えることが、信頼関係を築く出発点です。感動体験を伝えるのはそのためのよいきっかけになりますね。その時どんな表情をしていたか、どんな言葉が生まれたかなど子どものようすもできるだけ具体的なエピソードを伝えましょう。

保護者とともに子どもたちを育てていくために…続き

▶ 保育者の思い　ひとりひとり違っている子どもの個性を知ってもらい、できなかったことよりも、意欲を大事に温かく見守ってほしい。

気づきときっかけ

ある保護者から、もっと体を動かして遊んでほしいけれど、家ではなかなかできないと相談が…

乳幼児の運動遊びについて掲示

乳幼児の運動発達について、発達に合わせた遊びとその遊びのねらいがわかるように、模造紙に写真をはり、言葉を添えて掲示しました。何をするとどういった育ちに役だつかをわかっていただけ、子どもの育ちについて心配事を相談してくださるようになり、保護者との会話が増えました。

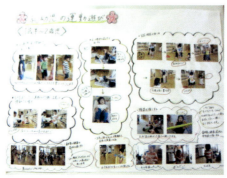

保護者へ伝える環境構成

Ⅳ 保護者

戸外での運動遊びについて掲示

戸外で遊んだときにも、ひとりひとりの子どもの関心やかかわりの違いや、ようすが伝わる写真を掲示しています。子どもたちの楽しそうな表情が見てわかるので、保護者も興味を持って見てくださっています。

秋田先生アドバイス
何歳で何ができるという伝え方ではなく、「何がどういう育ちに役だっているのか」を伝えたからこそ、保護者は不安にならずに心を開いて相談してくれたのだと思います。保護者に子育てですべきことを理解してもらうために、また、園が遊びや生活を通して「健康」「人間関係」「環境」「言葉」「表現」を総合的に育てている場所であることを知ってもらうためにも、このようなひと工夫をしていきたいですね。

保護者とともに子どもたちを育てていくために…続き

▶ 保育者の思い　｜　保育の姿勢を知ってもらい、共に育てる環境づくりをしていきたい。

クラス便りに保育の姿勢をイメージしてもらえる文言を入れる

前月の保育目標での子どもたちの成長、それを踏まえての今月の目標と、つながりをわかっていただく内容にしました。かかわり方によって子どもにどんな変化が見られたかを盛り込んでいますが、それを子育ての参考にしてくださる保護者もいます。

宿題を出す

栽培中のトマトの虫害を発見。本で調べたり、なぜ食べられてしまったのを話し合ったりしながら解決していく「ミニトマトをまもろうさくせん」に発展しました。解決法をあえて宿題にし、「さくせん」の近況を掲示して保護者に見てもらうと、家庭で集めたさまざまな情報を発表してくださいました。

この「宿題」は、負担というのではなく、おもしろいことをして、園の活動に興味を持ってもらえるようにするためのものです。子どもたちがノートに絵を描いたといった発信もあり、その報告も足していくことで、保育者と保護者のつながりも深まります。

秋田先生アドバイス　家庭での宿題の機会を心がけて設けることで保護者に保育に対する関心を持ってもらうことができ、家庭も参画してもらうことができました。子どもたちにとっては、園での体験がさらにおもしろいものになっていきます。保育の取り組みや姿勢を知ってもらうためにお便りや掲示物を利用しましょう。原因はなんだろう？　どうしたら解決できるんだろう？　という疑問がわくので、「困ったこと」もひとつのチャンスととらえたいですね。

保護者へ伝える環境構成

> ▶ 保育者の思い　｜　保護者同士の交流のきっかけをつくりたい。

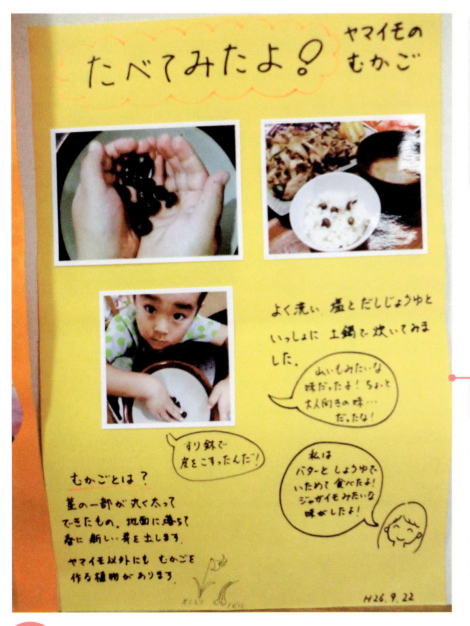

気づきときっかけ

ある保護者が、園が農家からもらっておうちに持ち帰ったムカゴを食べたときの写真を持ってきてくれた！

クラスだよりで保護者からの情報提供を紹介

　園外保育の際、ムカゴを分けてくださった農家のおじさんに「ムカゴは食べられる」と教えてもらったことを書いて保護者に向けてお知らせすると、「さっそく子どもと炊き込みご飯を作りました」と保護者から写真の提供がありました。その写真を掲示するとほかの保護者から「私はバター炒めが好きです」との情報が寄せられたので、掲示版のクラス便りで紹介しました。

Ⅳ 保護者

秋田先生アドバイス　保育者と子ども、子どもと子ども、保護者と子ども、保護者と保護者、保育者と保護者がそれぞれつながり合っていっしょに子どもを育てる環境が乳幼児の教育ではとても大事です。クラス便りでは案内やお願いごとなどを伝えるだけでなく、クラスのようす、個々の子どものようすを発信する役割もあります。さらに保護者同士をつなぐこのような働きかけができると、園が持つ育児支援の役割にも結び付きますね。

Ⅴ 解説 写真でとらえる、写真を語る、写真と共に伝える、研修への誘い

1 環境に焦点を当てた写真から始めてみませんか

〈同僚の保育室の「いいね！」を写真に〉

　日常の保育室の風景を写真でとらえる研修をご紹介したいと思います。「保育中でなくても、どの時間でもよいので、担当クラス以外の保育室を見せてもらって、"いいな"と感じたり、"工夫をしているな""私も学んでみたい"と思ったりする環境があったら、その写真を、3〜4枚でよいので、デジタルカメラで写してみてください」と園にお願いしています。環境や場、物を写すのが主眼なので、子どもは写っていても、写っていなくてもけっこうです。自分の保育業務が終わってからの5〜10分でも、あるいは朝子どもたちが登園する前でもかまいません。あれもこれも撮るのではなく、選んで数枚撮りましょう。これが環境を見て学ぶチャンスになります。

　そして、お昼寝の時間や休憩、すき間時間などを活用し、3〜4人の小グループで写真を見せ合いながら、「なぜよいと思ったか」「どんなことがそこから学べるか」を話し合っ

てみる試み（研修）をしてみてはどうでしょうか。3〜4人なら、写真をプリントアウトする時間や経費がなくてもカメラを相互に回し合って、その写真について語り合うことができます。大事なのは、

全職員が「撮り手」「語り手」であることと同時に、自分の保育室を撮られる「撮られ手」「聴き手」でもあるということです。そうすることで、経験年数や勤務経験にかかわらず、だれもが対等な立場で、同じような出番をもって学び合いに参加できます。

　環境を通しての保育では、保育者の意図は環境に埋め込まれます。しかし、日常的には保育者自身が必ずしもそれを自覚しているとは限りません。ですので、あらためて写真に撮り（見える化）、なぜそれが良いと思ったのかを自分の言葉で表す（言葉化）こと、そしてその語りを聴くことは、環境構成で何が大事かに気づく機会になります。また、自園の違うクラスの保育室をゆっくり見せてもらう機会は意外に少なく、身近な同僚から「いいね！」と言われ、行為を意味づけてもらい、認められることで、あらためてその価値を発見したり、元気をもらい、自分の保育室の次の工夫を考えてみたりすることもできるでしょう。同じ園の中なので、物などの期間限定での貸し借りもできます。それによって、同じ物でも年齢による使い方の違いに気づくこともできます。

　本書の製作にあたりご協力いただいたあゆのこ保育園では、園全体の研修でほかのクラスで見つけた「いいね！」について語り合う前に、まずは自分たちで撮った写真を見て、どこを見て何を感じ考えたかを付箋に書いて、写真の周りに付け回覧するという試みをされました。限られた時間の中で、研修を楽しみながらできるかどうかを探るために、まずはこうした方法からトライしてみるのもよいでしょう。

＜写真を語り合い、振り返る＞

　この写真を見てください。

　最初の研修のときに使われた写真の1枚です。折り畳み式の段ボールと、それと洗濯バサミを使って、子どもたちが自由に囲われた空間を作っています（本文P.28、P.37など）。あらためてこれらの写真をみんなで見て語り合うことで、子どもにとって落ち着ける空間作りや、子ども自身が主体的に環境を構成することの意味を考え、

自園の中でどこがそのような場になっているかを考える契機になりました。特別な行事や活動を行なったときの環境構成も大事ですが、子どもが日常生活の中で使用している場所や空間、物やそれらの配置に目を向け、写真を撮ってみることで、同僚と共に身の回りの環境の意味や働きを振り返り共有するきっかけが生まれます。その行為が環境への感受性を高めることにもつながります。

写真を使った研修は、長時間の下準備を必要とせず、また、だれもが意味を考え、語り合うことに集中できるのがポイントです。

＜「うちのクラスでもやってみた」の報告＞

　ほかの保育室やその写真を見せてもらうと、担当の年齢は違っても刺激を受け、"私も工夫できそう" とか、"やってみよう" "意識して、まずはこれをしてみよう" という思いが生まれてきます。自分のクラスで新たに環境構成をしてみたら、その結果どうなったかを、ビフォー・アフターで写真に撮り、その写真を通じて思いを伝え合い、保育者同士で交流してみることもできます。同僚の保育室の工夫から学び、「うちのクラスではこんなことをしてみた」という報告は、園として何を大事にしていきたいのかという視点や、発達の連続性を保障する環境を構成する視点を共有することにつながります。また、ベテランから若手への指導だけではなく、学び合い、支え合いの空気感を生みやすくなります。

　例えばこの写真は、0歳児クラスでウォールポケットを作成してみた

という報告の写真です（本文P.31）。幼児クラスでは子どもたちがいろいろなものを主体的に選んで遊べるように工夫していることを知った乳児クラスの保育者が、乳児クラスでは、安全管理の点から保育者側から物を吟味して出すことが多かったことに気がつきました。そして、乳児クラスでも、子どもがみずから選べる工夫ができないかという思いを持たれ、考えられました。そして、お気に入りのぬいぐるみを自分で取り出して遊べるようにウォールポケットを作成されました。研修では、この写真とともに思いを伝え、「ウォールポケットを設置したことで、乳児でも自分で取り出すと、積極的に自分でかたづけるようになる」という新たな気づきも語ってくださいました。このような報告をほかのクラスの保育者も聴くことで、子どもが主体的に選び取るために、自分たちの保育室ではどのような工夫をしているのかに、園全体の注意が向かうようになり、子どもが主体的に選ぶことの価値を共有できるようになりました。

＜環境構成リノベーションが子どもを観る目につながる＞

　システムや場を一新することを、「イノベーション」と呼びます。それに対し、今ある環境に少しだけ手を加えることで、新たな機能や価値を加え、質を向上させることを「リノベーション」と呼びます。

　例えば、「くらしに彩のある保育」という視点で環境の写真をとらえた保育者は、自分のクラスのハロウィンの日の昼食で、ハロウィンの飾りが置かれたテーブルの写真を見て意図を語ってくださいました（本文P.61）。振り返りからの実践で、大事にしたい環境デザインの原理について言葉で説明し、さらにそれぞれのクラスで意図的にその原理のもとで設定してみた環境を写真に撮って紹介し合う、そしてその環境で得られた新たな気づきを語り合う——それによって、ほかの保育者も"私たちもこんなことができそう"と着想が得られ、環境のリノベーションサイクルが生まれます。

　ひと言で「環境構成」といっても、特別な行事や活動のためだけではなく、いろいろな視点から、毎日のくらしの中で子どもが出会う環境を見直し、さらなる機能や価値を同じ時間や場に与えていくことができます。これは高い遊具を新たに購入するとか、全部取り替えるということではありません。お金はあまりかけずに、現在より少しだけ気にかけ、手間をかけ、声をかけ合うという発想です。あれもこれもと環境をいろいろ変えることよりも、環境をひとつ新たに工夫してみることで、その環境に対して、子どもがどのように

かかわったのか、子どもの行動をよりていねいにとらえることができるようになります。

また、その環境にどの子どもが、どのようにかかわっていたのかをみることで、子どもひとりひとりの理解へとつながる道筋を創り出します。この子はこのようにかかわっていたけれど、苦手な子やゆっくりタイプの子どももかかわれるようにするにはさらにどうしたらよいか、というようにして、環境から子どものこと、環境と子どもの関係に思いを馳せることもできます。環境の写真は、物的環境を議論するだけではなく、有機的に子どもと物ごとのつながりを、環境を介してつぶさに観る目をみがく研修へと導くひとつの入口にもなります。

＜新しくこられた保育者に、よさを見つけてもらい語り合う＞

そうはいっても、忙しい園では保育者全員が写真を撮り、それらすべてを全体の研修の時間内で取り上げることは難しいことです。保育者の数によりますが、そうした場合は、同じ年齢を担当する保育者同士、あるいは日ごろはいっしょに活動することが少ない人同士が組んで、写真について小グループで語り合うこともできます。あゆのこ保育園では、全員で写真を使った研修を何回か経験した後、その年に新たに入られた保育者たちに、この園の「いいね！」を見つけてもらい、全体の研修の場で発表してもらうという形をとられました。

通常の研修方法だと新たに採用されたり、他園からこられたりした保育者は、最初は聴き手側に回り、研修会でも遠慮がちにほかの人のようすを見ている場合も多いでしょう。でも新たに来た人たちだからこそ気づく、「いいね！」があるはずです。新しい保育者にとっては声を発する機会になります。

また、前から園にいた保育者にはあたりまえのことも、あらためて写真に撮って紹介してもらうことで、新しい気づきを得たり、新たにこられた保育者が自分の保育室を認めてくれているということで、保育者同士の絆づくりにも役だちます。保育中にいっしょでも、あらためて写真と共に思いを語ることで保育観を共有することになります。

「なぜこうしているのか」という質問が出てくることも数多くありました。例えば、5月の研修の折に、実物のこいのぼりが室内にある写真を撮ってこられた保育者に対して、その環境構成を行なった保育者が「今はこいのぼりを揚げる家が少ないから、子どもが触ったりして近くで見ることができるようにこうしている」と環境設定の意図を説明する

ことで、その保育者の価値観や大事にしていることがわかりました。

　また、子どもがカーテンの中が好きだというようすの写真をある保育者が語ると、「私も子どもといっしょにカーテンの中に入ってそちらから部屋を見ると、本当に違う風景が見えておもしろいのよ」と、ベテラン保育者が話されることで、子どもと同じ経験を保育者もしてみることが大切だという園の保育観が、具体的な事例を通して、共有されていきました（本文P.29）。

＜同じ場への視点、違う場への視点からの共有＞

　おもしろいことに、同時期に園の中の「いいね！」写真を保育者たちが撮ると、同じ場面の写真が複数の保育者から出てくることがあります。写真はその一例です（本文P.95）。その日に読んだ絵本をタグを付けて掲示しているのを、2人の保育者がとらえていました。アングルは違うけれど、焦点としての気づきは同じであることがわかります。それまでも読んだ絵本を子どもの目に留まるように置いている保育者は多かったのですが、「こういうふうにタグをつけてあげると、子どももわかりやすく、手に取ってみたくなるね」という感想が交わされました。そしてその工夫をした保育者もうれしそうに着想の意図を語られていました。このような何げない日常の1コマを写した写真でも、

「撮り手」の重なりがあり、さらに意見を交わすことで、"これっていいな"と、どのクラスでもできそうなことのひとつとして、物とのかかわりを深める知恵を共有できました。

　写真を使った研修では、多様性からさまざまな可能性を得られますし、偶然に一致することがまた、一体感を生みます。そこで、だれに発表してもらうのかも大事なひとつの鍵になります。さらに、あゆのこ保育園では、1年間の各クラスおすすめ写真ベスト3をみんなで投票し合って、その結果について考えるという研修にも発展もしていきました。

　ひとつの写真から、みんなの役にたちそうなものを考えることは、園のビジョンづくりにおいても大事です。そのとき、＜See（みる）－Think（自分がよいと思った理由や根

拠を考える）− Wonder（保育者の意図を予想したり疑問や次への見通しを考えたりする）＞ことの順序を意識してみましょう。同じ写真を見ても何に注意を向けるかという「見え方」、そこから意図や意味をどのように考えたのかという「とらえ方」、さらにこんな活動の展開、方法やかかわり、素材、設定もあるかもしれないと自分の実践と引き付けてつなげて考えてみたり、こんな意味もあるかもしれないと推理してみたりすることによって、同じ出来事や環境でも保育に対する「考え方」のいろいろな差異を互いに知ることができます。どれが正しいというのではなく、大事にしたいねらいと、意味のつながりや多様な手だてを推測し、言葉にすることは、保育の可能性と自分らしい保育に気づくために大事なことです。この意味では、写真は一瞬しかとらえておらず、一面でしかありません。しかし、だからこそ、その前後の出来事やありかたを推理し意味づけ合う語り合いができる余地があるともいえます。専門家の知恵に基づく推理や判断の交流になるのです。写真で出来事をとらえること、その写真を用いて語り合うこと、そこで生まれた思いをさらに実践してみた写真と共に伝えることのサイクルが、「いいね！」の輪をつなげ広げていきます。もちろん、環境づくりでは多くの物を出し、写真掲示をだれもが作ればよいということではありません。大事なことは、どんどん付加することではなく、状況や興味・関心に応じた「旬」の環境づくりです。それによってかかわりが生まれ一体感が育ち、子どもの育ちが深まり、つながります。そのためには、いらない物や写真は見直し、取り除き、新たな思いを生み、新たな工夫の物やことが光る余地を生み出すことです。

2 写真で子どもの育ちをつなぐ、保護者とつなぐ絆づくり

＜写真を元にした掲示を使って語り合う＞

　写真は一石三鳥。同僚との職場研修のためだけではなく、保護者に向けて保育を知ってもらうメッセージにも、子ども自身の振り返りから次の見通しや自信を生み出す教材にもなります。送迎時の子どもと保護者の会話を生み出したり、保護者と保育者の会話を生み出したりする媒介物としても機能します。

　そこで、写真を使った見える化の知恵をさらに共有するために、どのような写真をどのように掲示し、活用しているのか、クラスの工夫を紹介し、語り合ってみることもできます。すると、どのような写真を、だれがどのような見出しを付け、どのような場所に掲示しているのかなど、園の中にいてもゆっくり見ることなく見過ごしていたほかのクラスの写真掲示から、"自分のクラスでもこんなことができそう"と気づくこともあるでしょう。あゆのこ保育園では、さらに、保育者の掲示を見て、子どもたち自身も掲示を"作ってみたい"と興味を持つ動きが出てきていました。掲示もまた、子どもの保育の発展につながっているのです。

＜保育者のお気に入り写真の掲示＞

　写真を何枚も撮っていくと"この場面はいいなあ"と自分自身が思う、保育者の「お気に入り」の写真が生まれてくるでしょう。それは撮影のうまさではなく、保育者の保育観の表れであり、保育者が保育の中で見いだした喜びや手ごたえなど、情動を伴う「心の動き」です。そうした保育者のお気に入り写真を、期や月によって変えて、みんなが見えるところに掲示してみると、"園としてこんな育ちを大事にしたい"という姿の共有になります。同時に、それぞれの保育者のよさがみえることにもなるでしょう。それらをフレーム

などに入れて大事に飾ると、ひとりひとりの子どもや保育者の個性を大事にしている園の姿が現れるように感じます。

　それは園のホームページに数多くの写真を挙げている園においても、ホームページ上の写真とは違う働きをもつようです。それは、保育者自身が選んでいるからです。"こんな瞬間が幸せ""いいなあ"と各々の保育者が大事にしている場面を通した保育観、そしてその写真群がそれぞれの保育者のよさと、園のビジョンを示すものとなると思います。

　その際に、写真の脇に見出しタイトルを付けることも大切です。実は写真はひとつのエピソードを映し出した事例の象徴でもあります。保育業務のシフトが多く、全体研修の機会や時間がなかなか取れない園でも、保育者のお気に入り写真の展示のような形であれば、各々がどのような活動をして、何を大事にしているのかが、日常的に通りすがりに観て、感じ取ることができ、保育者間で、共有できます。これは、研修当日だけではなく、研修の日常化にもつながります。またその掲示や掲載の担当などを若手保育者に任せてみると、保育を観るまなざしの共有にもつながるかもしれません。

　あまり大げさに考えるのではなく、せっかく撮った写真をさまざまな形で掲示し、活用することで、園便りやホームページとも異なる、保護者や子どもたちと園の物語や価値の共有を生み出す方法になるように思います。

＜個別指導計画にも写真を活用＞

　保育の特定の場面を写真に収めることによって、そのままでは一瞬は気になったり目を留めたりしても過ぎ去ってしまう1コマ1コマをあらためていねいにとらえることができます。それが保護者や保育者との共有につながります。またそれを手がかりにこんなふうにしてみたら……と考えることができます。その意味で園全体での研修をする、クラスごとに掲示として写真を活用するというだけではなく、保育者の方々の日々の仕事の中でも、心に留めておける記録のパターンとして写真を活用することが、「見える化」サイク

ルを創るうえで大事であると思います。写真はひと目でわかりやすいというのが特徴でしょう。子どもの育ちをどのようにとらえ、どのような指導計画をたてて、具体的にどのような活動をし、どのような姿が見られたかがわかる記録を作成することと、さらにその記録を、つなげてみたり振り返ったりすることが大事です。

　この写真を入れた研修からの拡張として、あゆのこ保育園では数年前から、3歳未満児の週間個別指導計画に、実際に保育を行なってみて心に残った写真などを記入するエピソード欄を作成し、そこに写真を添付されるようになりました。これは『育ちをつなげる記録』というテーマで話し合っていく中で、特に4月に担任が替わるときに、それまでの子どもの姿が具体的にわかるとよいのではないかという意見が出たことから、始まりました。それまでは指導計画と実際に保育を行なった後のエピソード記録などは別に作成していました。それらをひとつの用紙の中に入れることで、ひとりひとりの子どもの育ちの軌跡が「見える化」され、とらえることができるようになり、写真で見る経過記録となりました。

　例えば右の記録に添付されている4枚の写真は、Gちゃんがはいはいからつかまり立ちへと変化するのを示したものです。その期間の具体的な生活と遊びの中での育ちの姿をひとつの視点から示すことができています。こうした育ちとそれに応じた時期による環境の変化を「見える化」することは、新任や若手の保育者にとっては見通しがついたり、援助のアイディアが見えたりすると同時に、翌年への申し送りなど、子どもの育ちがつながり、さらに子どもの育ちを通じて、保育者同士がクラスを超えてつながる、ひとつの手がかりにもなるのではないでしょうか。できるだけいろいろな記録が断片化せず、つながることが、保育者「同士」、さらに「子どもの育ちを見る目」をつなぎ、効率化や有効活用につながるのではないと思います。

3　写真の強みを生かして

＜保育者の居方に気づく＞

　写真や映像記録には、強みもあれば弱点もあります。ビジュアルメディアの強みは、ひとつには、実際に位置やレイアウトなど物理的な配置や雰囲気などが伝わりやすいことにあります。そのため、実際に室内環境や園庭環境を変えての動線の変化や空間の使用などを見える化することができます。

　ふたつめには、意識して焦点化した部分だけではなく、撮影者にもそのときには気づかなかったような観点を見いだしたり考えたりすることができることがあります。

　ある子どもに焦点を当てた写真、子ども同士の関係が見える写真、子どもと物の関係が写っている写真、そして日々の環境を撮った写真などがあります。複数の担任がいる場合やチームで保育を行なっている場合だと、写真の中に保育者がいっしょに写ることもあるでしょう。保育者も写った写真を見ると、その保育者がどのように子どもの傍らにいるのか、その身体姿勢や位置取りについて考えたり、ほかの保育者があらためて自分の居方を振り返ったりする機会を持つことができます。保育者の居方やかかわりだけに焦点化した研修を意図的にすると、保育者の動きはぎこちなく不自然になってしまいますが、保育者もたまたま写った写真なら、日常の場面から感じ取ったり考えたりすることができるでしょう。

　写真には音声情報はないので、どのような言葉をかけたのかは写りません。だからこそ、そこに目を取られず、"この保育者はどのように考えてそこに居たのかな"ということを想像したり、それをきっかけに自分でもまねてみたりでき、日ごろとは違う見え方が毎日の保育の中にも表れてくるきっかけにもなります。子どもの傍らにいる保育者の居方を写真から読み取ってみると、また理解が深まるかもしれませんね。

＜写真の視点ア・ラ・カルト＞

　写真を撮る場合には、まず何を撮るのか——ある瞬間の姿、ひとつの出来事や活動の流

れという特定の時間や場面を撮るのか、園にいつもある環境や物、場のあり方を撮るのか、あるいは変化という時間を撮るのかなど、さまざまな視点があります。また、子どもを撮るのか、子ども同士や子どもと物、保育者の居方を撮るのかなど、写真にはいろいろなものが意図しなくても写るので、そこに見える関係から検討できます。そして写真をだれと共有し、どのように活用するのか——園内研修で同僚と、保護者への伝達や対話手段として、また子どもたちに振り返りの材料として、また学年の引継ぎや計画にも活用できます。それらを図にしてみると、いろいろな切り取り方があります。

ほかのクラスを見るときには、意識的に外部者目線になってみることもできます。保育プロセスの質を考えるときに特に大事にしたいのは、子どもの目線や子どもひとりひとりの経験です。私たちは通常、自分の目線で写真を撮ります。しかし時には、その子どもの目にはどのように映っているのかと「子どもになって撮ってみる」こともできます。

建築家の早稲田大学の佐藤将之先生が、子どもの目線で廊下や保育室を撮影してみると、保育者からは窓からの景色がよく見えても、子どもには物が掛かっていて何も見えなかったりすることがあると実例を基に話してくださいました。日常の保育室も、子ども視点では見えが変わります。なぜ子どもはその場所が好きなのかを感じとることができます。

ビジュアルメディアを使うことで、意識して視座を変えたりしてみた経験と気づきを語り合う——そこからもまた、明日の保育へのアイディアや思いが生まれてくるかもしれません。そのワクワク感こそが、子どもの経験を大事にした保育の質の向上に直接つながるのではないでしょうか。限られた時間をうまく活用してぜひ新たな一歩に園がチームとなってチャレンジしてみてください。

写真で語る環境づくり研修を行なった保育者たちの声

● この研修は、新人保育者やベテラン保育者など、さまざまな視点で「いいね！」と感じた写真や事例が集まるので、互いにそのよさに気づいたり、よりよい工夫について学び合えたり、"自分もやってみようかな"という意欲につながったりできます。また、保育者同士が対話を重ねる中で「私たちの園の環境は、ここを大切にしたいね」という軸もできつつあります。そして「今度はこんな環境面（例えば運動面の環境など）にも力を入れたいね」など、段階を追って環境を考えることにもつながっていると感じます。今後は「子どもの育ちを保護者と共有する（保護者とのつながり）」ことをさらに意識して取り組んでいきたいです。

● 自分の「いいな」と思った環境の写真を撮ることで、同じ視点を持つ保育者ばかりでないことに気がつきました。ベテラン保育者ばかりがよい視点を持っている訳ではなく、経験の浅い保育者ならではの気づきもあり、新鮮で、それを共有し刺激を受け合いながら学び合うという研修の形はとても有意義に感じます。研修だけのことではなく日ごろの保育業務でも、それぞれの視点を認め合いこのような「学び合い」の風土をつくっていけるとよいと思います。

● 写真がただの記録用ではなく、子どもと保護者と職員と「共有したい」という意識で撮れるようになりました。さらに、写真を使った掲示や記録を作成する中で「育ちをつなぐ」「ほかのクラスとつながる」「保護者とつながる」「経験や活動をつなげる」など、園全体が「つなぐ」環境へ発展してきていると感じています。

● 自分が保育を実践しているときに気づけなかった子どもの反応や、用意した環境へのかかわり方が見えることで、次の環境構成に生かせるようになりました。また、他クラスの実践の経過や意図を共有できることで、育ちのつながりが意識できます。

●保育をしている中でゆっくりと写真を撮るという時間はあまりありませんが、子どもの成長を記録に残し学び合うというのは、後日、視覚的に確認することができ、職員同士でそれを共有しながら、保育の振り返りができるので、とてもよいです。

●保育のねらいや保育者のかかわり、子どもの姿を保護者にどう伝えていくべきなのかを考えるようになりました。またほかのクラスの事例を学び、反応や取り組む姿の違いを実感でき、子どもの育ちのつながりをより意識し環境構成をしていこうと思いました。

●写真を通して、子どもが苦手なこと、得意なこと、興味・関心を持っていること、夢中になっていることなど、ひとりひとりのていねいな理解につながっています。そして、保育の工夫や援助をより具体的にすることができ、要点を絞った記録の残し方も意識できるようになりました。

●写真の撮り方では、「記念写真」から「記録写真」へと変わりました。保護者に伝えるのにも、文章だけではわかりづらいことが伝わりやすくなり、また、写真に残すことにより、実践中には見えていなかったことが、客観的に見えたり、子どもの新たな姿に気づいたりするきっかけにもなっています。

●初めのころは、育ちや保育の内容を保護者に伝えるために写真を利用することが多かったのですが、最近は、さりげなく周りに写っている子どもの表情やしぐさに注目したり、連続して撮った写真から、子どもの心の動きや保育の振り返りをしたりすることなどに役だっています。

●保護者のようすから、"活動のねらいをもっと掲示で伝えたい"と思うようになりました。例えば、粘土について、乳児では「作って遊ぶ」よりも「素材に慣れたり、指先の

力や感覚、握力などの発達を促したりする点を大切にしている」というように、発達に沿ったねらいがある点などを伝えています。今後の研修内容としては、園全体でひとつの素材（例えば紙、粘土、ひも　など）に焦点を当て、各年齢のねらいとようす、保育者側の工夫などを写真に撮って、それを掲示して見比べてみたり、発達段階について保護者に紹介したりするというような取り組みを行なってみるのも興味深いと思っています。

● 以前は"保護者に、子どもが園で楽しそうに遊んでいる姿を見て、安心してもらいたい"という一心で、"かわいいな""表情がいいな"という場面にカメラを向けていました。この研修を通して、さらに一歩踏み込み、「子どものありのままの姿を受け止め、成長していく過程を大切にしたい」と思いました。

● 掲示を作成する際に、どのように写真を撮るのか、レイアウトをどのようにすれば伝わりやすいのかなどを学ぶことができます。今後も、「保育者の心が動いた場面をとらえること」「保育者ならではの視点を持つこと」「保育者のかかわりが伝わる写真にすること」の３点を意識していきたいと思います。

● 初めて担当クラス以外のクラスの中で"いいな"と思う写真を撮ったときと比べて、"どうしてこの環境構成にしたか"という「保育者の意図」を考えたり、"隣のクラスとのつながりができそう"というアイディアが浮かんだりするようになりました。秋田先生からのご講評やご指導を、"もっと受けたい！"と感じています。

● 写真は「今までできなかったことができるようになった」ことを中心に撮るように心がけています。また、今までに見られなかった遊び方や姿（積木がじょうずに積めた、絵本を集中して見ている　など）を撮っています。

写真で語る環境づくり研修を行なった保育者たちの声

- 「育ちをつなげる環境」というひとつのテーマで研修を続けることにより、各クラスの保育環境や子どもの姿の変化などを見て学ぶことができ、また、その内容を担当クラスにも生かすことができるので、よい刺激にもなっています。

- 写真の撮り方も"子ども視点か""大人視点か""だれに何を伝えたいのか"で変わります。写真に収め、最初のようすとその後のようすなどを継続して見ていくと、さまざまな変化が見えてきたり、また、育ちの過程を知ったりすることができています。写真を使用することで、職員間で共有し次につなげられます。

- 研修を受けたことで、ひとりの子どもの「その瞬間」ではなく、「子ども同士のかかわりや子どもの心の動き」など、過程を意識して寄り添いながら写真を撮れるようになりました。1枚1枚の写真に意味があり、ストーリーのあるものと考えるようになり、また、環境を整えるにあたり、"子どもたちは何が好きかな"と発達に合わせながら子どもに寄り添った環境をつくることができるようになってきました。

- 研修を通して、さまざまな保育者の想いやねらいをより深く感じることができました。また、事例発表について話し合ったり、意見交換をしたりすることで、別の考えや発想、提案、助言などを受けることができ、自分の中で新しい考えが生まれるきっかけになり、学びがとても深いものになりました。

- ふだんは日常の保育に追われて、なかなか環境構成をじっくりと考えることができないのですが、秋田先生の「育ちをつなげる環境」の研修を通して、あらためて考えたり、気づいたりする機会ができました。この気づきを保育に生かしていきたいです。

- 研修に参加したことで、子どもたちの小さな成長などを、より強く意識して写真を撮る

ようになったと感じています。保護者の方々とのつながりも意識する中で、今後、掲示を作る際には、「目的」や「内容」によって方法を工夫していきたいと思っています。

- 子どもの目線の高さや興味の持ち方など、そのときの子どもの育ちの姿から環境の工夫を考えるようになりました。今後は、さまざまな遊びの経験の積み重ねが次の育ちへとつながっていくことを地域の保護者にも発信できるよう、環境の工夫や提供のしかたを考えていきたいです。

- 秋田先生の研修での学びから「育ちをつなげる環境」としてほかのクラスでの環境の工夫、かかわりがよくわかり、自分でもまねして取り組みたいと感じる気持ちが強くなりました。また、自分自身の観察力、保育技術をもっと高めていきたいと思います。

- まず、保育の中で写真を撮ることが日常的になったのが、最大の変化です。取り上げる題材・事例が園内で実際に掲示されている物で、自分が実際に目にしていることもあり、理解しやすく、すぐに自身の保育に反映させられる「生きた研修」だと考えます。

- 子どもと、そして保護者と、「遊び」や「できた喜び」をつなげる保育が大切だということを感じる研修です。年間などの見通しをたてた実践を学ぶことができ、勉強になります。多方面から保育を見られるように、他園での事例などももっと参考にできるとうれしいです。

- それぞれのクラスの掲示を、以前よりじっくりと見るようになりました。また、その掲示が「子ども目線」なのか「保育者の目線」なのか、「保育者のどんな想いで書いているのか」などを考えながら見るようになりました。

写真で語る環境づくり研修を行なった保育者たちの声

● 写真を撮り、掲示していくことで、保育の内容を紹介するだけでなく、遊びなどを提案していくことや、保育者の想いも届けていくことができると思います。写真を使った研修を通して、保育をあらためて見直すきっかけになっています。

● 保育現場に適した研修方法であると感じています。理由として、デジカメで写真を撮るのは簡単で、共有しやすいこと、各々が「いいな」と思った写真を持ち寄るので、楽しく参加できること、新人保育者もベテラン保育者も、写真を見ながらいっしょに対話することで学び合いの場になること、ほかの保育者の工夫にヒントを得て"やってみよう！"と、明日からの保育にすぐに生かせること、などが挙げられます。研修を続ける中で"何を伝えたいか？"という意識が深まり、そのことが、子ども理解や保護者支援など保育者の資質向上にもつながっています。研修資料は、子どもの育ちを示す「ポートフォリオ」として、また、保護者と園をつなげるための貴重な「資料」として、そのまま活用できるのもありがたいです。

監修・編著●秋田喜代美（あきた　きよみ）

学習院大学文学部教授。東京大学大学院教育学研究科客員教授。
博士（教育学）。専門は保育学、学校教育学。
保育者の専門性と園づくり、そのための政策形成に関心を持っている。
日本保育学会会長。
内閣府子ども子育て会議会長。

主な著書
- 新 保育の心もち（ひかりのくに、2019年）
- 保育の質を高めるドキュメンテーション：園の物語りの探究（中央法規、2021年）
- 保育をひらく「コミュニテイコーデイネーター」の視点（フレーベル館、2021年）など。

著●社会福祉法人 湘北福祉会　あゆのこ保育園

2005年開園。神奈川県厚木市。

主な協力者
園長・町田和子
主任保育士・福田奈美恵
副主任・石井貴子
副主任・中川紀子

STAFF
本文デザイン／白水あかね
DTP／株式会社 エディポック
編集協力／株式会社エディポック　鈴木明香
企画・編集／安藤憲志
校正／堀田浩之

秋田喜代美の　写真で語る保育の環境づくり

2016年5月　初版発行
2022年7月　第6版発行

監修・編著　秋田喜代美
著　　社会福祉法人 湘北福祉会　あゆのこ保育園
発行人　岡本 功
発行所　ひかりのくに株式会社

〒543-0001　大阪市天王寺区上本町3-2-14　郵便振替 00920-2-118855　TEL 06-6768-1155
〒175-0082　東京都板橋区高島平6-1-1　郵便振替 00150-0-30666　TEL 03-3979-3112
ホームページアドレス　https://www.hikarinokuni.co.jp

印刷所　大日本印刷株式会社
©Kiyomi Akita , Ayunoko Hoikuen 2016
乱丁、落丁はお取り替えいたします。

Printed in Japan
ISBN 978-4-564-60886-5
NDC376　120p 26 × 21 ㎝

本書のコピー、スキャン、デジタル化等の無断複製は著作権法上での例外を除き禁じられています。本書を代行業者等の第三者に依頼してスキャンやデジタル化することは、たとえ個人や家庭内の利用であっても著作権法上認められておりません。